講話集3

自分も光る 人類も光る

五井昌久

白光出版

著　　者（1916～1980）

講話集　刊行にあたって

五井昌久先生は、昭和三十年代から昭和五十年代初めにかけて、千葉県市川市の新田道場や聖ヶ丘道場（当時）をはじめ、さまざまな場所で講話会を開かれ、人々に生きる勇気と感銘を与えてこられました。

本書は、そうした五井先生の講話のうち、機関誌や書籍に発表されていなかったものを時系列にまとめたもので、これがシリーズ第三集目となります。

お話はたいてい質問に答えてなさったもので、日常の身近な問題から、ひろく世界の平和や宇宙の問題、霊界や死後の生活のこと、永遠の生命のこと、霊性開発という本質的な問題、またご自分のことなど、極めて親切に、分かりやすく、また面白く説いてくださっています。それらを通して、人間とは何か、いかにして自由無礙の心に至れるかを知ることが出来ます。

そのような自由無礙の生き方を誰しもが出来る日を、五井先生は天界で待っておられるに違いありません。

平成二十三年五月

編集部

目次

刊行にあたって　1

神様の人類救済計画

科学の進歩の先にあるもの……6
いよいよ霊的革命が始まる……15
分かれ分かれの世界が一つにならなければ……18
すべての心を一つにする世界平和の祈り……25
とにかく業想念を大霊光の中へ……33

神様は絶対なる愛

天のひびきを伝える音楽家・宗教家……42
業想念を祈りに入れれば真、善、美が現われる……48

神様は絶対なる愛……58

神のみ心を自分のものにする

理想を現実に現わすには？……70
理想と現実のギャップを祈りの中へ……82
神様の行ないに不調和はない……89
この世で自分が行使できる権利は祈りだけ……94
守護霊、守護神と分霊の協力体制……99

自分も光る人類も光る

肉体を人間だと思っている以上は……102
地球全部を救うのが世界平和の祈り……112
空の心が愛になり、光に変わる……119
形ではなく本源を摑む……125
罪を祈りに投げ入れると人間は神様になる……136

暗い想いと明るい想いをとりかえる……143

私は偽善者をつくらない宗教を開いた

無理はいつか破裂する……148
〝肉体人間はダメなんだ〟と一旦認める……159
善悪の把われを神様にお返しする……169
肉体の自他に期待するな……171
どれもこれも神様に見えてくる……175

病気というもの

医業と霊作用……187
病気の正体は抑圧された想い……190

講話集3
自分も光る人類も光る

神様の人類救済計画

（昭和35年2月10日）
東洋大学講堂にて

科学の進歩の先にあるもの

私が紅卍字《こうまんじ》会に関心を持ったのは、七、八年前なんです。紅卍字の道名《どうめい》を持った方が、私のところに五、六人見えて、ある運動を少し始めたことがあったのです。それを忘れておりましたら、突然、心霊研究家の小田秀人先生がお見えになった。小田先生はおわかりなかったけれど、松下松蔵《まつしたまつぞう》といって、熊本県長洲《ながす》にいらっしゃって、人々から長洲《ながす》の神様と慕われていた、とても素晴らしい立派な品格を持った方がいらっしゃったのですが、その方は昭和二十二年頃に亡くなられた。その方が小田先生を連れて見えたんです。

小田先生にお目にかかって、すぐ紅卍字の話が出ました。それで私が紅卍字会に関心を持っている、ということが始まりで、そのあくる日、呉清源《ごせいげん》先生がお見えになったんです。その時は紅卍字の神様が連れていらっしゃった。

ということは、人間が一人歩いている時には、肉体が歩いているんではなくて、そのうしろに守護霊守護神が一緒について歩いているわけです。たくさんの守護霊がついていらっしゃる方もあれば、二、三人の守護霊がついていらっしゃる方もある。というように肉体だけが歩いているのではなく、守護霊がついて歩いているんです。

肉体は霊魂を運ぶ車なんです。

肉体というものは車であり、場所であり、器であって、肉体に人間の主体があるわけではないんです。それなのに、肉体が主体だと殆んどの人は思っている。

肉体というものがふつうは、固体、塊《かたまり》だと思っていましたが、だんだん科学が進んでまいりますと、今の科学の世界では、塊でなくなって、物質というものは原子であり素粒子であり、もっとさかのぼると、粒子であると同時に波動になってしまう、波に還元してしまうもんだと解明されたわけです。

自然科学も、霊魂の世界霊的な波動の世界に近寄ってきているわけです。

一方では電子科学では、電子波動を使ったテレビジョンのようなものが出来ましたね。テレビ受像機が市川にありますと、東京で放送していることが、光の波、音の波となって受像機に届き映ってくる。

明治時代あるいは江戸時代の昔の人が見ましたら、びっくりすると思う。なんだ魔ものじゃないか、と思うでしょう。なぜかというと、受像機にはしゃべる人間もいなければ、誰も人間がいないのに、ちょっとダイヤルだけを廻したら、いろんな姿が映ったり、声が聞こえたりするんだから。摩訶不思議なことが、不思議でないように現われている。

実をいうと、テレビジョンの構造や仕組みなどでも、どうして映るか、ということは専門知識のある人でないとわからない。または物質が原子であり素粒子であり、波動であるということは科学者以外にはわからない。わからないけれども、科学でこうだという説明がありますと、そういうのなら本当だろう、とみんな納得して思うわけです。

日本人には薬《くすり》迷信というのがありまして、風邪をひけば薬、お腹をこわせば薬、なんでもかんでも薬と言っている。私はクスリと笑ってんだ（笑）。なんでも薬をのめばいい、というように、科学というと、すぐああそうか、と思うんです。

ところが霊的な説明、あるいは宗教的な説明になりますと、鼻の先で嗤《わら》うような人が大分いる。神様有り難い、仏様有り難いと素直について来られる人は、本当に上根《じょうこん》ないい方たちだと思います。何か理論的な説明がない限り「オレは信じない」「ここに神様を出してみろ、出したら信じる」なんていうことがあるんです。

昔、S教団の講師をしていました時に、ある会に出ましたら、S教団の人たちと共産党の人たちが集まっていました。私は講師として行ったわけではなく、友だちと一緒について行ったんです。いろいろな議論のとどのつまり、共産党の連中が「神様があるなら、ここに出してみなさい、なんか出したら神様を信じようじゃないか」と言うんですよ。友だちはふつうの人で霊的な人じゃないもんですから、困っちゃって「そう言ったって神様はあるんです」「あるんなら出してみろ」「ある」「なら出してみろ」といつまでたってもきりがつかない。

そこで私が出ていって、「神様というものは、目に見えるものでもなければ、手にとれるもんじゃないんだ。手にとれるもんなら、神じゃなくて物質なんだ。神様というものは宇宙大に大きく、小さくなれば微妙な波なんだから、あなた方の目にはつかまりっこないんだけれども、神様ではないけれど、少し不思議なことを見せてあげましょう」と言って何をやったといいますと、みんなの前に座布団をおいて、その上に坐ったわけです。

これは邪法なんですよ。神様の仕事じゃないんですよ。それをみんなにまずことわった。

郵便はがき

恐縮ですが切手を貼ってお出し下さい。

4180102

静岡県富士宮市
人穴八一二－一

白光真宏会出版本部
愛読者カード係

出版物等のご案内をお送りいたしますのでご記入下さい。

ご氏名《ふりがな》	年齢　　才	男・女
〒 ご住所 Eメール：		
ご職業	ご購読の新聞名	
お買い求めの書店名	以前に愛読者カードを送られたことがありますか。 ある（　　年　　月頃）：初めて	

愛読者カード　書名　講話集3　自分も光る人類も光る

■ご購読ありがとうございました。今後の刊行の参考にさせていただきたいと思いますので、ご感想などをお聞かせ下さい。

下記ご希望の項目に○印をつけて下さい。送呈いたします。

1. 月刊誌「白光」　2. 図書目録

本書をお知りになったのは	1. 書店で見て　2. 知人の紹介　3. 小社目録 4. 新聞の広告(紙名　　　) 5. 雑誌の広告(誌名　　　) 6. 書評を読んで(　　　) 7. その他
お買い求めになった動機	1. テーマにひかれて　2. タイトルにひかれて 3. 内容を読んで　4. 帯の文章で 5. 著者を知っている　6. その他
月刊誌「白光」を	毎月読んでいる　　読んでいない

白光出版をご存知でしたか。初めて：知っていた：よく買う

☆以前読んだことのある白光出版の本(　　　)

ご協力ありがとうございました。

「これは神様のやることではなくて、あなた方が不思議な力を見せてほしいと言うから、ちょっとお目にかけましょう。これはあくまでも神様のみ心じゃないんだ。あなた方にちょっと奇跡を示すだけなんだから、別に不思議でも何でもないことなんですよ。まあ見せないと、あなた方が納得しないだろうから、座談会が終わらないだろうから、一つやってみますよ」

布団《ふとん》に坐ったまま、布団をつけたまま、パーッと飛び上ったんです。これはなんでもないことなんです。しかしふつうの人には不思議なことなんです。布団がついたままで、パーッパーッと飛びはねたんです。そうしたらみんなびっくりしましてね、それで会は終わりになった。神様がどっかへいっちゃって、奇蹟的なことだけがそこに残ったわけですね。別に神様を納得させたわけじゃないけれども、世の中には自分たちの知らない不思議なことがたくさんあるものだ、ということがその人たちはわかったわけです。潜在意識に入ったわけです。

何が私をしてそうさせたのか、というと、それは神様がやったわけでもなんでもない。ちょっと霊人を使ったんです。要するに、物質界、肉体界のまわりにウロウロしている生物がたくさんあるんです。肉体のまわりには幽体というものがありまして、丁度それは録音機の録音盤のように、幽体には自分が想ったことのすべて、あるいは向こうから知らせてくることなど、みんな溜って、波になってぐるぐるぐるぐる廻っているところなんです。肉体が粗《あら》い波動とするならば、幽体というのはもっと細かい波動、もっと細かい微妙な波動が霊体であり、神体になっているわけです。そのように何重、何層にもなって人間は出来ているんです。

ところがふつうの人間には、物質の肉体だけしか見えない。その物質の肉体が、そのまま自分の想いを行なっているかというと、そうでない。

魂というものが霊体、幽体に通《かよ》ってある。魄《はく》というもの魄要素《ぱくようそ》というものを、私は肉体要素と呼んでいますが、その肉体要素は感情の面、つまり私が業想念と言っている業想念の波のほうを受けとっているわけです。

業想念というのは、全部ないほうがいいかというと、そうでもない。業想念がなかったならば、この地上界に人間は生まれて来ないし、地上界の発達は出来てこないわけです。

業想念というのはどういうものか、というと、肉体は肉体身で存在していて、神様というものとは別に関係なく、個々別々に存在している。それでお前と私は別なんだ、あの人とこの人と違うんだ、すべて個人個人が個人個人のことを思いながら生きていかなければ、自分の生存が危ないんだと、要するに自己保存の本能と私は言うんです。自己保存の本能が自分を守ってゆくわけです。その自己保存の本能からすべての業想念が出てくるんです。それは赤ん坊の時から、生まれながらにしてあるわけです。人間には自己を守るというものが生まれながらにしてあるからこそ、おっぱいも吸うわけです。

この本能があるから各人が各人の立場を守って、各人の生活をやっていけるわけなんです。これは必要なわけなんです。それが民族を守り、国家を守り、お互いが自分たちを守り合う。そういうところに切磋琢磨があり、そこから科学が発達したわけです。

こうしなければ自分の子どもが亡びてしまう、こうしなければ民族が亡びてしまう、国家民族がお互いに自分で守らなければ亡びてしまう、というところで、科学的研究が錬磨されまして、軍事力や経済力が増大して来た。そこで原子力の研究も進み、原子爆弾も出来、水爆も出来た。しかしこのままいったんではお終いなんです。原水爆まで来ますと、科学の進歩はそこで終わりなんです。人工衛星が出来ました。人工衛星から爆弾でも落したらそれこそ終わり。そういう時代にまで、今突き進んできている。

科学の進歩は頭打ちになってしまった。物質的進歩というものは頭打ちになってしまって、これ以上はニッチもサッチもいかない。退《ひ》くにも進むにもどうにもならない。断崖絶壁に来たわけです。

いよいよ霊的革命が始まる

世界の情勢を見ますと、二大勢力としてアメリカとソビエトがあります。この両国は常に軍備の競争です。片方が原爆をつくれば片っ方は水爆、片っ方は人工衛星というように、争い競い合っている。これを魄ばっかり発達しているような人は、力が平均して、お互いの力がバランスを保っているから、戦争が起こらないんだ、だから軍備も増強しなければいけない、とこう言うんです。ところが力と力のバランスというのは、いつ崩れるかわからない。たとえばアメリカ軍の原爆を積んで飛んでいる飛行機の兵士が、ちょっと頭が狂ったらボタンを押さないとは限らない。あるいはソビエトの兵士が水爆のボタンを押さないとは限らない。人間いつ頭が狂うかわかりゃしない。大体狂っているんですから（笑）。人類を立て直して、神様の国にするのはなかなか難しいけれども、人類を亡ぼすにはちょっと一人気違いにすればいいんですから。

今、原水爆がやさしく出来る方法を、アメリカは各国に公表するというのですね。

公開すれば、小さい国、パキスタンだとか、イラン、イラクだとかいろいろありますが、そういう国が核兵器を持つとするならば、うっかりポンとボタンを押せば、人類が全部、原子爆弾で亡びてしまう。それは小さな国の戦争から始まるんです。そして最後に全人類が亡びてゆく。

一人が気が違っても大したことはありません。精神病院に入れれば治《おさ》まります。しかし世の中の政治家が全部気が違ってしまったら、大統領や総理大臣が気違いになったら、一人や二人の気違いでは終わりません。人類がそのまま亡びてしまう。というところまで、人間の業想念というものは、地球界に浮き上ってきて、もう突発的に、滅びるか亡びないかという境になってきている。

そうなりますと、いよいよ今度こそ方向転換しなければならない。そういうことは、ちゃんと神様のみ心の中にすでにあるわけなんです。神様は全知全能です。絶対者です。神様に違算があるわけがない。ちゃんと天のソロバンをはじいている。天照大御神《あまてらすおおみかみ》が田を造ったといいますね。田というのはすべてが計算づくめで出来ているということです。それが法則というんです。神のみ心の中には、すべてが計算ずみになっているわけです。

そして現在ではどういうことになっているかというと、科学が頭打ちになって、いよいよ霊的な革命、霊文明が正面に現われてくるんだ、ということになっているんです。こうしなければならない、ああしなければならない、ではなくて、そうなるようになっている。現われるべき人が現われ、現われるべき教えが現われ、すべてが結集してなるようになっている。個人もなるようになっている。世界もなるようになっている。

それをなるようになっているという、神様の大愛、神様の叡知を信じないで、各々が自分勝手な行ないをしているから、自分たちが苦しむだけなんです。個人が自分勝手なことをすれば、個人が苦しむ。国家が自分勝手なことをすれば国家が苦しむ。人類が自分勝手なことをすれば、人類が苦しむ。

ところが神様は苦しんでいるのを黙って見ているわけにはいかない。大神様からすれば全部自分の子どもですからね。だから何とかして、この人類を苦しみ少なくして救おうじゃないか、ということが、神様のみ心の中に始めからあるわけです。やはり物質文化が盛んになり、魄の世界が開けて、そこでどこかでつまずくことは神様の中ではわかっているわけですから、守護神、守護霊というものをつかわして、霊的要素が働いている。霊が神様で、魂が霊的要素それから魄となって、霊魂魄で一つなんですよ。

分かれ分かれの世界が一つにならなければ

霊は光り輝いたものなのです。それをわからず幽霊などと言う。幽霊なんてありっこないんですよ。あれは幽霊魂魄《こんぱく》なんです。幽想念が残っていて出るんです。霊が化けて出るわけじゃない。霊は神様です。想いが残って、形に現われたのを、みんな幽霊と言っている。だから幽霊という言葉は間違っているんです。本当は幽想念、業想念と言わなければならない。

近ごろテレビで「世にも不思議な物語」というのがあります。幽霊のことをたくさん上映しています。いい物語もあるし、こんなもの見ないほうがいいな、というものもあります。このごろはだんだん幽的なものを社会が取り上げるようになってきたわけですね。それだけだんだん霊的に変わってくるわけで、幽霊魂ではなくて、霊魂魄になってくる。

みんなは知らないけれど、各人の後ろにいつも幽想念を一杯つけて歩いている。自分はちっともわからない。それでいかにも偉そうに、いいことばかり言っている悪い奴がいると、ある人が言っています。口ばっかりで行ないが出来ないで、何を言うか！　と神様は言うんですよ。そういう人が多い。政治家志望の人じゃないけれど、当選したい時には、何でも致します、と言ってペコペコ頭を下げているけれど、いったん当選したら、オレ知らない、とやっている。

ともかく、自分の業想念が満足できさえすれば、後は野となれ山となれ、地球が崩れたってかまわないんだから。そういうような想いがこの地球界には充満しているんです。その充満している業想念を祓《はら》い浄めないかぎりは、この世界は平和にならない。祓い浄めるために紅卍字では、至聖先天老祖《しせいせんてんろうそ》と名乗られて、大神様が大救世主のかたちで現われているんです。そして各人優れた人にその光明をくださっているわけです。

それで私にも白羽の矢が立って、サァ紅卍字に入って来い、一緒にやろう、というわけです。ということはどういうことかといいますと、日本には、外国もそうですけれども、あまりに宗教が多すぎる。宗教だらけ。どこの神様、どこどこの神様、あっちの神様こっちの神様、どっちの神様が偉いんだろう。おかみさんならいくら居てもいいけれども（笑）。神様がそんなに居ては困りますよ。うちの家内じゃないけれど、神様もお安くなったもんだ、というわけ（笑）。

そんなに神様がいなくたっていいんですよ。神の子がいりゃいいんだ。神様のみ心を、自分の内にもって、神のみ心を現わした生活が出来る人がたくさん出来ることが、人類としては望ましいんです。

宗教商売がたくさんあって、こっちの神様が偉いんだ、オレの教えがいいんだ、オレの祈り方がいいんだって、やっている。そういうことではダメなんです。地球界が支離滅裂になり、分かれ分かれになっているところに、戦争のような状態が起こっている。不安が起こっている。

中国は二つに分かれている。日本は表面上は二つに分かれていない。けれども思想的には三つにも四つにも分かれている。例えば安保条約改正ということがあります。片方では改正しなければ絶対ダメだといい、片方は安保条約など廃止してしまえと言っている。その中立の人もある。三派にも四派にも分かれている。それは政治的見解だから、違っても仕方がない。

そういう人たちはみな凡夫ですよ。神様の知恵で安保条約を結んでいるわけでもなければ、安保がいらないと言うんでもない。ただ自分たちの狭い知識で、いけないとかいいとか言っている。ところがよくよく考えてみまして、安保条約を改正したらいいのか、となりますと、それはどうだか誰にもわからない。一般大衆はおろか、知識をもった人たちも改正したほうがいいのか、廃止したほうがいいのか、そんなことはわからない。なぜわからないか、というと一長一短があるからね。

安保条約はアメリカとの提携ですね。アメリカと提携すれば、中共、ソビエトは敵になるわけです。これは間違いないことです。といって条約をやめれば、中共とソ連と仲よくなってくるわけですから、アメリカが黙っていないで、敵になる。

この現象界ではどうしていいかわからないんですよ、本当のことを言うと。肉体人間の知識ではこの現象界の歩みは、一歩も先に進めない。神様をぬかして、今の現状になったら一歩も進めない。私はこう思う、なんていうことを言うんだったら、その人の頭がどうかしているんです。今はもう絶対絶命のところですよ。よくあるんですよ。自分は何にも出来やしないのに、人のことにだけはなんとか文句をつける人ですよ。それでもっていかにも自分が発表したから、自分は偉いと思っている。そんなことじゃない。

人間というものは、肉体だけでは、要するに魄だけでは何にも出来ないんだ。肉体人間としては全部凡夫で、一寸先のこともわからない。何にもわかりゃしない。わかりゃしないのに、わかったような顔をする。だからますますわからなくなってくる。

わからないことはわからないんだ、とまず割り切らなければいけない。自分では何にもわからないから、神様、どうかわからしてください、どうか自分の天命が完うされますようにって、神様に全部すがるような気持ちになればいいわけでしょう。

宗教教団がたくさんあるけれど、各々が自分の教団だけが儲かればいい、大きくなればいい、とやっている。今度、何十億で教会を建てた。こっちでは何億で建てた。何も立派な殿堂なんて建てなくたっていいんですよ。立派な殿堂を建てなくたって人は集る。いい話は胸にこたえます。大きな建物がなければ話が出来ない、なんていうことはない。型はどうあろうと、人が入ればいいんです。お互いが権勢欲にかられ、自分の教団が大きいんだ、良《い》いんだということを、きらめかすために、いろんなものを建てている。無駄ですよ。四十何億もかけた殿堂なんか建てるより、そのお金を困った人に分けてごらんなさいよ。どれだけ助かるか、住宅のない人に分けてやってごらんなさい。

宗教家が殿堂建築に二十何億もかけるお金があったらば、それを住宅に困った連中に、アパートでも建ててあげて、安い家賃で入れてやるような、そういうような働き方に、宗教家が向かってゆけば、共産主義なんてなくなります。与えるほうの立場に宗教家がならなけりゃなんないのに、貰うほうの立場にばっかりなってんだ。

そんなものはまだ業が深いんだから仕方がないとして一先ずおいて、紅卍字みたいな至聖先天老祖に、目に見えない世界から、お前の役目はこれだ、とパンパン決めてもらって、審神《さにわ》してもらうと私はいいと思うんです。宗教団体が一辺全部、審神してもらうといい、と思っているんです。そうすると嫌や応なしに決まり、手をつないでゆくことになるでしょう。それで私は入ったんです。役目は自分でわかっている。

ということは、心を一つにする、せめて神様一つにしてもらわなければダメですよ。あちらの神様、こちらの神様、向こうの神様というのは、その教団にあってもいいから、大神様は一つなんだ、みんな一なる神様から分かれているもんなんだ、ということをみんなに思ってもらって、手をつながなければならない。このことが私の心の中にいつもあるんですよ。いつもあるところに、紅卍字が現われた。これはいいことだと思った。

すべての心を一つにする世界平和の祈り

先ほども土屋先生が話されていたように、フーチといって、二人が一本の棒の両はじを持ち、棒の中ほどに筆が固定されていて、それで字を書くわけです。そうするとそこに人間の考えが入らないわけです。二人でやってんだからね、考えがあったら二人が変になってしまう。そうすると、そこに神様のみ心が伝わって現われてくる。それはどこでやっても同じものが出てくる、というわけです。

そのようにフーチを通して、神のみ心がはっきり現われる。神様のみ心というのがこっちに通じてくるんですよ。同じことだからね。大神様は一つなんだから。

入ったばかりなのに副処長をやれ、というんです。ふつうだと私ご辞退します、その任にたえません、とかバカな遠慮をするんです。けれど私は肉体の人間の想いというのを、全然というほど使っていない。だから神様のみ心のまま、動く時はスーッと動く。そのかわり、来てくれ、と言われたって神のみ心が動かなければ行かないし、来てくれるな、と言われたって、行きたいところには行く。話してくれって言われても、いやなら話さないし、話すな、と言ったって話を聞かせる。そういう立場でズーッと動いているんですね。その動いているものが、自己満足で自分だけがそうなんだ、というんで自分で宣伝して動いていたんでは、これは狐《きつね》（幽界の生物）かもわからないでしょう。それはわかんないでしょう。

ところが私のところへ来ている人たちは、霊眼の利く人がたくさんいます。〝光り輝いています〟とかなんとか皆さんおっしゃる。しかしお弟子さんの人たちの自分褒めもありますよ。自分の先生は偉く見せたい、と思う。だから私はそういう発言は全然問題にしていない。ところが合気道の植芝盛平先生、この方も古い紅卍字の会員です。この盛平先生が私のことをベタ褒《ぼ》めに褒《ほ》めてくれるんです。そうしたら西田天香先生が私の写真をみて、これはいいと褒めてくれたわけだ。誠の人だと褒めてくれた。是非、一度お会いしたい、とこうおっしゃったそうです。

紅卍字に入ったら、昱修《いくしゅう》という名前を下さった。小田先生がさっきおっしゃったように、太陽の光、宇宙神の光というものを身に輝かせている、という意味なんだそうです、だから褒めてくれた。

私は褒められたら、ああそうですか有難う、と思っちゃう。そうだろうと思っちゃう。神様のほうからそう言ってくださった。サーお前、副処長でとにかく紅卍字の道院を建てる手伝いをしろ、ということになった。それでかしこまりました、というんで、私は自分の会の人たちを、サァみんな入りなさい、と言って片っ端から紅卍字に入れようと思うんですよ。

そのようにほかの宗教団体の人がやればいいんですよ。五千人いようと五十万人いようと、さあ私が入ったからみんな入りなさい、と言ってみんな入ってくるようだと、宗教界も一つになる。それを運動しようと私は思っている。まず先がけて私は、自分の仲間を全部入れちゃおうと思うんです。合体しちゃおうと思う。そういう考えを持っている。そのくらいの捨て身なことがなくて、何んの仕事が出来るものですか。

私の役目はどういうのか、というと、紅卍字会の壇訓にもあるんです。お前、何か提案しろ、お前が提案することはみんな賛成してくれるから、提案しろ、とこう言うんです。

紅卍字としては、形としては災害があった時、お金を寄付する、というように現われているけれど、世界平和運動としてはまだなんにも現われていない。そこで、お前がやれ、と言うんで私に命令が来ているんですよ。それは壇に出して提案してあります。

紅卍字の教えというものは漢文です。漢文を読めない人には珍文漢文《ちんぷんかんぷん》ですよ（笑）。

それで呉清源先生とか土屋先生とかわかる人が訳しておられる。訳をみると、いい文章です。実にいい教えです。光輝を放っています。私どものように感じる者はいいんだけれど、感じない者はわからない。しかしとてもいい文章で、中味はとてもいい。訳もうまいんだと思います。でもあの訳だけではまだ難しい。

紅卍字は何を考えているのか。というものを私が霊覚で推測すると、簡単に言うと世界平和なんですよ。世界を平和にしなければいけない、人類が平和でなければいけない、今一番大事な時だ、サァ急げ！　というように、老祖さんのほうから声がかかっている。それで私を引張り出したんです。何を提案しろというのかというと、祈りによる世界平和運動ということを、私にやらせようと思っている。それで引張り出されたんです。それを壇に出しているんです。

それはいいからやれ、とか、もう少し言葉を変えてやれ、とか言ってきます。それはいけない、なんていうことはない、いけないなんていう神様だったら、そんなもの一宗一派であって、大神様でもなんでもない。世界平和の祈りがいけない、なんていう壇訓があったら、それは神様でもなんでもない。一宗一派だ。

一宗一派というのは形があるんです。こういう祈りをして、こういう型を整えて、こうしなければならない、というのが一宗一派。うちの教団ではこういう形をとって、こういう儀式を致します。キリスト教はこういう儀式を致します、仏教ではこう致します、というのは一宗一派です。そういう一宗一派では絶対手がつなげない。自分の形があるから、こっちへ入ってくるわけがない。それほど偉い人はいない。一宗一派を超えたもの、それが紅卍字なんです。

紅卍字というものは、形が一宗一派を超えなくちゃいけませんよ。紅卍字会それ自体の形なんてあるもんじゃない。三拝九拝《さんぱいきゅうはい》してお礼をし、何かを食べて何かを燃やして、消して、そんなものでどうするのか。そんな形だけですよ。形の世界をぬけなければ、本当の世界が現われない。本当の大神様のみ心というものは、形じゃないんですよ。行ないなんだ。光なんだ。光り輝くものなんだ。一挙手一投足が神のみ心の愛と真《まこと》に叶えば、それが大神様のみ心の現われなんです。わかりますね。

三拝九拝したからいいんじゃない、鐘を鳴らしたからいいんじゃない。鈴を鳴らしたからいいんじゃない。そんなものは形の世界です。そういうものを超えた命をかけた世界平和を念願する大希望の行ない、愛と真の行ないが紅卍字の精神。紅卍字は今まで何もわかっていなかった。紅卍字会をやった人はそうした精神はわからない。ただ形だけを営々《えいえい》として行なっていた。道院という形を建てればいいと思った。建てて何になる。

建物じゃない。行ないだ。愛と真の行ないよりこの世界を救うものはありません。枝葉でどんなことをしようとかまわない。少しぐらい嘘をついてもいい。少しぐらいソロバンをはじいて儲けてもいい。そんなことは後のこと、後のこと。

世界が潰《つぶ》れるか潰れないかの時、そんな小さな枝葉の、穴《けつ》めどをほじくるような、お前は短気だからいけないとか、お前泣き虫だからいけないとか、そんなことは後廻しにして、大義につく、小異を捨てて大同につくんです。それが世界平和の祈りです。

世界人類が平和でありますように
日本が平和でありますように
日本だけじゃないですよ、中国もそう、母国の平和を祈る。今ここは日本だから、
日本が平和でありますように、
私どもの天命が完うされますように

そして、守護霊さんと守護神さんを平和の祈りにつけた。しかし大本教の悟天《ごてん》先生というのは、守護霊守護神はおかしいだろう、と言うんでそれをやめて、至聖先天老祖様有難うございます、にしました。

そういう言葉はどうでもいい。ただ一つ称《とな》え言《ごと》に、誰が見てもおかしくない、一宗一派の人々も世界人類の平和を願っているのだから、世界人類が平和でありますように、誰がこれにケチをつけることが出来ますか。

私どもの天命を完うせしめ給え、誰がケチをつけることが出来ますか。

それで神様有難うございます、と言う、こういうやさしい幼児《おさなご》でも老人でも、誰

でもわかるような祈り言を私は提案したんです。

私が提案したんじゃないんだ。神様がいい時期が来た、提案しろ、と提案させたんだ。それでもゴタゴタする。委員会の中で怒った人もあるけれど、そんなこと問題じゃない。壇訓が証明します。

とにかく業想念を大霊光の中へ

というように、今は一人の人間が、自分の心を直すために、モタモタモタモタと坐っている時じゃないんですよ。形の外側をいつまでもいじくっていたら、何百年経っても世界はよくならない。自分自身もよくならない。

紅卍字が内修外慈《ないしゅうがいじ》といった。内を修め、外に慈悲をたれる、という教えがあります。いっぺんには出来ない。内修して自分を修めていても、なかなか外に出ない場合もあります。だから私は世界平和の祈りをすることによって、自分が修まると言っている。

なぜ修まるのかというと、魄の世界、肉体要素の世界は業想念に包まれているんです。自分はあの人を愛したいと思う。あの人たちに尽したいと思う。けれどもソロバンをはじくと損になるから止めちゃうんです。怒ってはいけないと思う。しかし録音機が回るように、潜在意識に記録された怒りの想いは回って、自然に怒ってしまう。怒りが出てくる。恨んじゃいけないと思っても、恨みが自然に出てくる。あの人を恋しちゃいけない、と思っても恋心が出てくる。人間というものはそういうものなの。それがなかったら人間じゃない。

そういう人間のこの世における本質、霊界における本質じゃありませんよ。この世において業想念の中で、生きている人間の持ち味というものを無視して、いかに神様の道を説いたって、そんなもの胸の中に入るわけはない。

私は本当に怒りたくないと思います。何十年も恐れないで、無恐怖の状態になりたいと思います、と言うけれど、サァ地震がグラグラッとくると、本能的に驚く。身を守る本能があるからね。

そういうものを無視して、神様はこうなんだから、こうしろ、と言ったたって無理なんですよ。そこで私は、恐がってもいい、妬んでもいい、恨み心が出てもいい。それは仕方がない。止められない。止めようと思っても止められない場合が随分多いんだから。止められる時は止めたほうがいいんですよ。けど止められない。

そうしたらそういう業想念の想いをもったままで、その想いをどこかへ昇華させちゃいなさい。捨てちゃいなさい。どこへ捨てたらいいか。神様のみ心の中に捨てればいい。至聖先天老祖の中に捨てればいい。

捨てる方法はどうしたらいいか。至聖先天老祖というと、紅卍字を長くやった人はわかるけれど、ふつうの人はわからない。キリスト教の人はイエスをキリスト様と思っている。仏教ではお釈迦様を思っている。だから老祖といっても感じられない。なれれば感じられると思います。しかしそれより先は、世界平和の祈り《いの》言《ごと》の中に、憎らしいと思った時には〝世界人類が平和でありますように〟、あのヤローと思った時に〝世界人類が平和でありますように〟、ああ恐ろしい、と思った時に〝世界人類が平和でありますように〟というように、想いをすべて平和の祈りの中にぶちこんじゃうんですよ。そうすると業想念が消えるんだ。

世界平和の祈りは神様の大光明だからね、単に至聖先天老祖様有難うございます、とやってれば老祖様は消してくださる。神様の大霊光が業想念を消してくださるから、小さなことにかまわず、神様の光の中に入れる。

出るものは出る。出たものを追いかけ廻して、私はこんな悪いこともした、私はこんな悪い想いをした、悪いことを言っちゃった、とそんなことで悩んでいるようなバカなことをしない、そんなことをやって何になるか！

今までの宗教はそうやって教えたからいけない。それは消えてゆく姿なんだ。人間の本来の姿ではない。

人間の本来の姿は神様のみ心が現われている姿なんだ。完全円満なんです。光り輝いている姿なんです。光り輝いている姿に悪があるわけがない。悪魔があるわけがない。あるとすれば、神様のみ心を離れた時の想いのカスが、幽体に録音されていて、今、想いに現われ、行ないに現われて消えてゆこうとしているところなの。それを摑まえて、お前が悪い、どうだこうだと言ったってしようがない。そんなものみんな抱いて、世界人類が平和でありますように、日本が平和でありますように、私どもの天命が完うされますように、至聖先天老祖様有難うございます、とパーッと神様のみ心の中へ投げ出しちゃうんですよ。そうすると気持ちが晴れやかになり、おおらかになり、明るい明《あき》らかな心になるんです。

これが末法《まっぽう》の世における一番いい方法だと私は思う。そこに私はいのちをかけているんです。

私がこうしゃべっているんだって、何も肉体の私がしゃべっているんじゃない。光り輝いている昱修《いくしゅう》がしゃべっている。昱修というのは光り輝いている姿ですよ。肉体の私はこんなやせっぽちだ。誰よりも背が低くて、目方《めかた》は十一貫何百しかなくて、貧弱な肉体をしている。私より大きい人はたくさんいる。肉体の目方でいけば、私なんか一番小さい。

この肉体というのは、ただ容《い》れものです。場所です。器です。ラッパです。

神のみ心がそのまま現われてこなけりゃダメなんです。神のみ心を邪魔するものは何か？　それは魄です。業想念です。自己保存の本能です。それはなくならない。いいですか、あるんです、この地上界にある以上は。

あるけれども、それを利用して、業想念の本能で、欲しいと思い、憎いと思い、恨めしいと思い、妬ましいと思い、恐ろしいと思う。そういう想いが出た時、サァ、しめたことだ。想いが出たら出た時、しめた！　と世界平和の祈りの中に入れるんです。そうすると、平和を念願する想いがいつでもいつでも中にあるわけですよ。

業想念が出るたびに、よけいに神様のみ心の中に飛びこむでしょう。そうすると、本当の世界がその人の中に開くのです。わかりますか。私がそれをやってきたんだ。それで光り輝くものとなったんだ。

私の中には業想念はない。なんにも私心がない。ただ私はこうやってしゃべっているだけなんですよ。

さっき呉清源さんが私に話してくれた、日本語がそうなれていらっしゃらないんですね。失礼ですけど、話が下手かと思っちゃったの。そうしてこの壇上に立って話をされたら、光り輝いていています。やっぱり話は胸にしみました。

人間というものは、誠の心で話せば、誰の胸でも打つのですよ。三才の童児が話しても、八十の老人が話しても、誠の想いでもって話をすれば胸にしみます。どんなことでも。

だから皆さんは、誠の心で一貫して貫くんですよ。真《まこと》で貫けば神様が必ず助ける。断々乎《だんだんこ》としてまことを貫く。肉体のいのちなんか惜しくないんだ。どんなに生きたって百年です。

ところが皆さんのやっている行ないというものは、未来永劫に生きます。皆さんの心の状態、皆さんの一挙手一投足、それは未来に向かって光を放つんです。子孫代々にまで光を放つんですよ。

皆さんが世界平和の祈りをやる。世界平和の祈願をする。そういうことは未来末《まつ》代《だい》まで、皆さんの子孫に光を及ぼすんです。

そのために、枝葉のことはどうでもいいから、世界人類が平和でありますように、とやるんですね。その一番頂点に立つのが、至聖先天老祖です。大救世主です。わかりますか。

丁度時間となりました、またのご縁で。

◎世界紅卍字会《こうまんじかい》とは

道院《どういん》、紅卍字会は一九二一年、中国の山東省濟南《チーナン》で創立された宗教団体。「道院」は会員が集って内部で修坐誦経《ずきょう》する場所。紅卍字会は会員が対外的に慈善事業、社会奉仕を行なう組織である。両者は表裏一体をなす。

「道院」というが「道教」の一派ではない。その教義は宇宙の主宰神「至聖先天老祖」を祀り、世界の五大宗教（キリスト教、イスラム教、仏教、儒教、道教）の教主や世界歴代の聖者賢者を崇拝し、老荘思想によって世界宗教の統一をはかり、世界平和を願うものである。

卍は陰陽五行の象徴を示す。戦前、旧満州を中心に中国全土で二百近い支部を有し、大勢の会員を誇ったが、中華人民共和国の建国とともに自然消滅し、戦後は香港や台湾、東南アジアの華僑社会で命脈を保つ。

三五館刊『安岡正篤　人生は難題克服に味がある』――編者あとがきより――

神様は絶対なる愛

（昭和35年2月11日）
飯田橋・東京割烹女学校にて

天のひびきを伝える音楽家・宗教家

オーケストラの演奏には必ず指揮者がいて、棒を振っています。あれはただ振っているんではありません。たとえば第一バイオリンは何人にしよう。第二バイオリンは何人にして、トランペットは何人にして、というように指揮者が自分で考える。自分の音楽をそこで組み立てるわけです。それから、天から光を受けて、光をメンバーに流し出すんですよ。そうするとすべてのパートがみんな調和してゆくわけです。

たとえば私がこうやっています（といって手を振る）。皆さんは目をつぶっているからわからないけれど、いろいろと両手を動かし、指を使ったりしているんです。これは波動を調節しているんです。統一会[注1]の場合、不調和な波が出ていますと、その波を印で調和させる、たとえばダイヤルを第一放送に回した。こうやれば第四チャンネルに回した、という具合に、調節をしておいて、柏手《かしわで》を打ちます。

柏手にもリズムがあります。柏手は光をまっすぐに強烈に流す。さまざまな印でもって波長を合わせる。如来印というのは、如来様に波長が合うから如来印というのね。こういうのがあったり、こういうのがあったり（いろいろ両手で印の形を示された）中には獅子奮迅三昧《ししふんじんざんまい》とかいろいろな印があるんです。

印を組んだり、柏手を打ったり、いろいろな変化をしてやっているんです。

皆さんはバイオリンの一つの糸なんです。自分ではわからないんだけど、みんな音を出しているんですよ。各々パートパートを受け持って、二十八億分の一人として光を出しているわけなんですよ。自分のひびきを自分の体を楽器にして出しているんです。そのひびきがいいひびきであれば、その人の運命はよくなるし、世界人類はよくなるんだけれども、残念ながら二十八億のうち二十七億何万何千何百人かしらないけれど、業想念を出している。せっかくドミソという音を出したつもりが、調子がはずれて違う音になっている。それを聞いたら気持ちが悪くてしようがない。そんな音を出している。

そこで私みたいな人が出て、ドミソと調整するわけ。パンパンと柏手を打ち、印を結んで調整してゆく。そうするときれいなハーモニー音が出る。不協和音というのが、協和音になる。協和音を出すように私が調整している（統一で）。それが印なんです。あまりひどいと、柏手を打って止めさせちゃう。というよりうしろから、手を押さえて引いてやったり、いろいろするわけです。その役目を誰がしているか、というと守護霊守護神がしている。その守護霊守護神の調和をとるために、ここに肉体の五井昌久というのがいて、調和をとり、それでみんなよくしている。これが私のお浄めなんです。

統一会の時は、調和、調整を縦横無尽にやっているわけです。それが印で柏手です。たとえば「火の用心！」といって拍子木《ひょうしぎ》を叩くでしょ。私はそれを柏手でやるんですよ、時々（笑）それと建前（上棟式）で、おめでただ！　といって打つのがあるでしょう。これだってお浄めなんです。みんな知らないでやっているんです。神主さんが神社で決まりきった柏手を打ちますが、教わってそうやっている形ですね。形だけでは光は出て来ない。自然に神様のほうから流れてきて、それが光になって皆さんに伝わる。神と人間が一つになって、天と地がつながってひびき渡るのが柏手なんです。（先生、柏手を打つ）自然になる。

みんなが先生もうお疲れになるでしょう、と言う。そりゃあお疲れになります。けどふつうの人が考えているような疲れ方はしない。なぜ疲れないかというと、私は肉体というもの、想いというものを使っていないから、肉体の想いを使って、この人にはくたびれたからいい加減にしよう、そんなことをやっていたんでは浄めにならない。すべての光を受けて打たなければ（柏手を打ちつつ）鳴らないでしょう。

ふつうの人が柏手を打って、このぐらいの音しか出ないけれど、私はそれが簡単に鳴る。

この音はどこからくるかというと、天からくる。名曲はみな天からくる。ベートーベンの曲とか、ショパンの曲だとか、ハイドン、ヘンデルの曲とかバッハの曲、チャイコフスキーの曲というのはみんな天の光が来るんです。それは光の波のようにサーッと流れてくる。ベートーベンは耳が聞こえなくなっても作曲したんです。耳が聞こえなくなった時、彼は第九交響曲を書いた。最高傑作を書いた。

耳が聞こえないのに、どうして作曲が出来るか、というと、響いてくるんです。その響いてくるものを楽譜に書いたんです。天の動きなんです。それを野暮な大したことのない作曲家は頭で書く。これとこれを合わせれば音になる。これでいいと思って曲が出来ちゃう。それをレコード会社に持ってゆくと買ってくれたりする。素晴らしい天界の音楽は買ってくれないんだね。今のところはそういう時代になっていますけれど。

大したことのない作曲家は儲かるけれども、ベートーベンもショパンもシューベルトも、みんな貧乏だった。モーツァルトにしたって貧乏で、若くしてみんな死んだ。肉体は滅びたけれども、その名曲というものは世界各国で演奏されている。世界各国でベートーベンを知らない人はいないでしょ。天皇陛下の名前を知らなくても、ベートーベンの名前を知っている。ふつう音楽に関心がなくても、ベートーベンと言ったらお菓子の名前だとは思わないでしょう（笑）。そういうふうに知られている。

バッハなんていう人は、私から言うと音楽界の仏陀なのね。ミューズの神とか美の神の現われですよ、バッハは。ベートーベンは人間性が濃かったけれど、今は守護神になって働いています。

作曲家の素晴らしい人は、みんな神々の啓示を受けた。要するに守護神の現われなんですよ。守護神のひびきを伝えて音楽にしている。だから素晴らしい。素晴らしい宗教家というのも同じ質なんですよ。

本当の宗教家だったら、音楽のひびきの良さがわからなければならないし、美術の素晴らしいひびきがわからないわけはないんです。だからたとえば、音楽もわからない美術もわからない、何にもわからないという教祖があったとすれば、それは大したことはない。ダメですよ。これが踊りだ、天からの踊りですなんて言ったって、天からのひびきになっていない。ただ単なる霊動です。やっぱり天からのひびきだったらきれいですよ。ああ美しいなーという踊りになるし、ひびきになる。

業想念を祈りに入れれば真、善、美が現われる

神様のみ心が現われると、真、善、美でしょう。愛と真と美ですよ。美しいものが現われないと、神様のみ心というわけにはいかない。それが一人一人の行ないとすれば、美しい行ないとなる。

美しい行ないとはどういうことか、というと、お化粧して、口紅ぬって、人食い人種みたいのが美しいんじゃない。目のところに何か入れて、真っ青にして、それ

で美しいでしょうなんて、とんでもない。見る人が見ればそれは美しいんじゃない。行ないの中に、人格の中に自ずから美しさが感じられる、そういうものが美なんです。鼻が高いとか低いとか、目が丸いとか三角とか、それは始めから決まっていますよね。おでこが狭いのも広いのも、眉が濃いのも薄いのも、これは決まっていますでしょう。

信仰していたら、眉が濃くなった、なんていうのはない。そういうこととは別に、現われてくるもの、中の人格が美しくなれば、清らかになれば、光を受けて光そのままが現われていれば、自ずから形の世界、姿形に美しいものが出てくる。道具だては仕方がない。鼻だけ直してごらんなさい。目が細いのに鼻だけ高くて、それで似合うか、そんなの似合いません。形だけ直してもダメですよ。中味を直さないことには、神様のお気に召さない。

神様のお気に召すには、やっぱり自分の気持ちを、明るい大らかな美しいものにしなければならない。

明るくなければいけません。

大らかでなければいけません。

人のしたことが一々気になって気になってしようがないようでは、それはまだ神様のみ心に遠い。人のことも気にならない、自分のことも気にならない。あんまり気にならなくても困るけれど。人に借金しちゃって、オレは気にならない（笑）。五井先生がそう言った、なんて（笑）言われては困る。そういうんではなくて、把われがなくなって、しかも超常識、常識を超えた世界がそのまんま、ごく当たり前の姿、当たり前の行為になって現われてくる。常識がふつうの世界で地です。超常識が天です。天と地がすっきりつながって、常識、超常識を一貫して当たり前の姿に現われてくる、当たり前の行動に現われてくる。そういう人にみんながならなければ、世界は平和にならないんですよ。

そうなるためにどうしたらいいか、昨日、紅卍字で話したことじゃないけれど、天の理想の、こうしなければならない、ああしなければならない、こう美しくなければならない、と言ったって、持っている業想念というのがあります。短気の人は短気の業想念を持っている。病弱の人は病弱の念を持っている。気の弱い人は気の弱さを持っている。嫉妬深い人は嫉妬深いものを持っているでしょう。これが問題なんですよ。

それは前生から前々生から持っている、持っているのを、いっぺんに、お前それはいけない、と言って、ハイさようでございますか、明日から改めます、って言って、パッと明日から直るような、そんな生易《なま》しいもんじゃない。なぜかというと、何生をかけたものが幽体に録音されていて、それがぐるぐる廻っているのです。何百年も何千年もかかって積んだものを「それはいけません」ハイと言ってピッと切れるようなことは、どんな聖者でも出来ないんですよ。

それを切り、なくす方法は持っている業想念に把われないことなんです。短気の想いに把われているうちは、短気は直りません。臆病な自分に把われているうちは、臆病は直りません。妬みの心がある人は妬みに把われているうちは、いつまでたっても妬みはとれません。人間、欠点をつかれると、自分でなくそうと思ってもなくならない所をつかれるから、疲れてしまう。くたびれちゃう。それでまた欠点の渦の中に入ってしまうんですよ。お前の業想念はこれだ！　と言われて、その中にまた入ってしまって、いつまでたってもその渦から出られない。

だから私は言うんです。臆病なら臆病でいいじゃないか。短気なら短気でいいじゃないか、そんなの怖れていたらダメなんだ。いけないというから怖れるんです。恐がっちゃだめですよ。人間を脅《おびや》かしちゃダメですよ。それでなくたって、人間しかもご婦人方というものは、臆病に決まっているんだ。その臆病のところにもってきて、お前は悪い、ああだこうだ、と言われるから、なおさら臆病になる。だからそういう教えは下《げ》の下《げ》。

そういう宗教が多かったから、今まで宗教をやる人はみんな縮《ちぢ》かんじゃって、気《き》迫《はく》がなくなって、青菜に塩みたいな顔をして〝私はダメでございます〟と言っている。そんなことを言ったって良くなりゃあしないんだ。私はダメでございます、あなたはいけないんです、というのをひっくるめて、神様の中へお返ししなさい、というのが私のやり方なんです。

全部はじめから神様から来たんだから、神様はみんな見通しで知っているんだから、洗いざらい全部ぶちまけて、神様の中へ「私はこれだけでございます」ってサァーと投げ出してしまえ、と言うんです。「私はこれだけの人間でございます、どうぞご自由に、お好きなようになさってくださいませ」とパーッと投げ出してしまう。投げ出す方法は私が教える。

今までの宗教は、こうしてはいけない、ああしてはいけない、こうあるべきだ、こういう人間が立派な人間で、神様のみ心に叶う人間だ、と見本を出して教えるんだけれど、どうしたらそういう人間になれますか、ということは誰も教えなかった。教えたのはどういうことかというと、滝にあたり、水をかぶり、肉体の感覚をにぶらせて五感を超えなければダメだ、とこうやるんですよ。そう言われたって実際問題として、やれやしない。続かない。水をかぶるんでも、三日か五日は続くけど、普通一般の人は水もかぶれない。

そこで私は一番楽な、一般大衆がなんでもなく業想念を解脱できる方法を教えたのです。神様は私に教えさせた。その方法は何かというと「祈り」なんです。

今までは目的に対して祈ったことがない。昔はお願いだけなんです。私の病気が治りますように、子どもが立派になりますように、商売繁盛、家内安全、それだけでしょう。それが祈りだと思った。それは自我欲望達成の自分勝手なお願いです。それだけだと心細いです。

立派な人は神様に自分事を頼んじゃ申し訳ない、神様を畏《おそ》れかしこむでもいいから、頼んではいけない、という言葉があるんです。それで自力になってしまう。自分で力んで、それで苦しくて、幼ない心の人は、神様神様と言って、自分の願いごとだけを願う。どっちも半端《はんぱ》です。

私が提唱している世界平和の祈りというのは、自分の想いも願いも、世界人類の本当の姿を現わすことも、すべて一つにして、世界人類の運命も自分の運命も一つにして、サァ神様にお返ししましょう、と言って祈るのが世界平和の祈りなんです。

誰だってこの世に生きていて、自分の子どもが幸福になることを願わない親はいない。自分の妻や夫が元気で暮らしてもらいたいのを願わないものはいない。誰でも別離は悲しいから、別れたくない、なるたけ別れないで、長くみんな一緒にいたい、と思うのは当たり前です。私もそうです。

うちに来ている人たちが、一人でも不幸がないようにと願っています。そういう願いは誰にでもある。それは本元の願いで、悪いことでもなんでもない。自分の家内安全を願い、商売繁盛を願うのは当たり前です。当たり前だけど、それだけ願うんでは貧弱すぎて仕方がない。自我欲望だけで、なんとなくうしろめたくてしょうがない。ちょっと知性のある人は恥ずかしくて。だから恥ずかしくないように、大らかな気持ちになるようにしてお願いさせる方法が、世界平和の祈りなんです。

世界人類が平和でありますように

日本が平和でありますように

堂々としていますでしょう。そこへもって来て、

私どもの天命が完うされますように

と言う。私どもの天命が完うされますように、の中には、家内安全も商売繁盛もみんな入っているんです。私どもというのは自分もまぜた全部ですよ。

だからわざわざ病気が治りますように、商売が繁盛しますように、と言わなくたって、天命が完うされるために商売繁盛したほうがいいなら繁盛するんだし、病気が治らないと天命が完うされないのなら、病気は治るんだし、すべて自分の願い事というのは「私どもの天命が完うされますように」の中にふくまれているのです。それに天命が完うされますように、という言葉は貧弱じゃありません、みじめではありません。病気を治したまえ、学校へ入れてくださいだけでは、貧弱で恥ずかしいです。

学校へ入れてくださいだけじゃ、私は苦しめられているの。(白光誌の)[注2]巻頭言に書いておきましたけれどね。いい学校へ入りたいのは無理ない。入れてあげたい

なァと思います。しかし神様のみ心としたら、どこの学校へ入ったら、その子のためになるか、人間の考えと神様の考えと違うことがあります。合うこともあります。だから自分勝手にどうのこうの言ったって、そうは神様はおろさない。大根おろしならすぐおろせるけど（笑）神様の願いは、そうやすやすとおりないこともある。

そこで学校へ入ろうと入るまいと、神様に私の子どもの天命が完うされますように、と祈って、それで出た答えならば、それが一番いい答えです。その答えの中に、その子のすべての運命が刻まれているわけ。たとえば慶応に入りたいのが日大に入ったとしても、あるいは試験に落ちたとしても、一年浪人したことがその子のためになるかもしれない。しれないじゃなくて、なるに決まっている。

天命を完うせしめ給え、と祈っている人たちには、神様がその天命を果させないわけがない。なぜかというと、神様はすべてを見通していらっしゃるんだし、人間は神様の子なんだから、神様は大親なんです。親様は子どもの不幸を願うわけはない。絶対ない。

ところが変なもので、人間は親様から出て来ているのに、親様が間違えて、自分を不幸にしやしないか、と思っている。そういう神様に対する不信の想いというものは、やっぱり運命に現われてくるんですよ。それが過去世からつながって今の運命に現われてきている。

神様は絶対なる愛

神様は絶対なる愛なんです。これを信じなきゃダメです。私なんかこうなる間に、随分神様の愛を知ってきました。ことごとに神様（守護神）の愛をよーく知り素晴らしいなァと思っています。守護神は危うくなれば助けてくれる。溺れそうになれば引き上げてくれる。まいりそうになったら絶対に助けてくれる。神様に全託して不幸になることは、絶対にないことを、私は自分で確信しています。

また私のところへ来ている人たちも、皆そうです。だから第一番になさねばならぬことは、神様は愛なんだ、神様は絶対に人間を不幸にすることはない、と断固として思うことです。神様は絶対に人間を不幸にすることはないんだ。だから神様にすべてをあずけて、世界平和の祈りをしていればいいんだ。自分の運命は神様が知っていらっしゃるんだから、神様に協力して、世界人類の平和を願おう。そういう気持ちになると、その人はダーンと高くなってしまう。

どうか病気を治して、子どもの運命を……とやっているのが、世界人類が平和でありますように、私どもの天命が完うされますように、と祈ると、ダーンと上にあがっていっちゃうんですよ。

世界人類の幸福を願う想いと、自分一人の運命の幸福を願う想いと、どちらが広いか、これは一目瞭然わかりましょ。世界人類が平和でありますように、という想いは崇高《すうこう》なる想いです。その想いの中に、全部自分の運命を委《ゆだ》ねるんですよ。そうしますと、自分の体から後光が射します。光り輝くのです。

私がこうやって話していて、ああ先生の体から光が出ています。先生は光です。と言われたら、私は当たり前だと思っちゃう。

なぜ当たり前かというと、なんにもないんだもの。世界人類の平和しか願っていない、皆さんの幸福しか願っていない。そういう人がくもっていたらどうかしている。光り輝いているのに決まっている。だから「光り輝いています」と言われれば、そうだろうと。当たり前のことなんです。

皆さんも自分の幸福を願う想い、自分の子どもたちの幸福を願う想い、その想いとともに、すべてを世界平和の祈りの中に入れてしまうんですよ。そうすると、自分の子どもは必ず幸福になります。自分の運命は必ずよくなります。しかも世界人類の運命も必ずよくなります。それが往相《おうそう》と還相《げんそう》とを一緒にした祈りなんです。

往相というのは、人間として昇ってゆく姿。還相というのは菩薩として人々を救う姿、それが天と地一本につながって、光り輝くんですよ。その走《はし》りとなったのが私なのね。「天と地をつなぐ者」という私の自叙伝があります。あの中で書きましたように、自分の分霊というものが天にあがっていって、直霊と一つになり、ダーッと光の柱になったんです。自分自身よく知っている。それを植芝先生（合気道開祖）

がごらんになれば、ああ五井先生という方は光り輝いている、という。紅卍字で言えば昱修《いくしゅう》といって、光り輝いているもんだ、という。みんながそうおっしゃる。

それはなぜかというと、自分というものがなくなっているからですよ。じゃ初めから私は自分がなかったか、というとそうじゃない。やっぱり自分の幸福を願い、音楽家になろうとして音楽を勉強したり、文学者になろうとして小説を書いたり、いろんなことをしています。

いろんなことをしているけれど、いつも私は何をやったかというと、一生懸命だった。脇目もふらず一生懸命だった。寝るのも寝ないで一生懸命だった。素直に神様の言う通り、一生懸命にやっただけですよ。一生懸命にやったけれども、音楽家として名をあげたわけじゃない。文学者として名をあげたわけじゃない。そういうものはみんな中途半端になってしまった。しかし中途半端にならないものがあった。それは私の天命だった。私はまさか教祖みたいになって、人に道を説くとは思わなかった。夢にも思わなかった。思わなかったことが現われたんです。

だから子どもの天命でも、どこにあるかわからない。大学入試を落ちたために偉いお坊さんになるかもしれない。高等学校に行かなかったために、素晴らしい発明家になるかもしれない。神様のみ心というものは、どういうところに現われるかわからないんですよ。だから現われてきた、目先の喜怒哀楽、目先の出世だとか、学校に入った入らない、そんなことはあまり大《たい》したことではない。

一番大したことは何かというと、しっかりと神様につながっていること。どんな悪いことが出ても、ああこれは消えてゆく姿だ、私の本当の姿がこれによって現われてくるんだ、ああこれも消えてゆく姿なんだ、これで本当の姿が現われてくるんだ、というように、いつもいつも明るい希望、灯をこの中で、自分の中で照してることです。

いつもいつも自分が光り輝かなければダメだ。光り輝くのは明るい心です。楽天的な大希望ですよ。大きな希望を持ち、楽天的な気持ちを持つ。これが人間が立派になるための易しい方法です。

暗い心の人があるならば、陰気な淋しい想いの人があるならば、神様！　ってすがりなさいよ。ああ神様は愛なんだ、神様が私を悪くすることはない、とそう思うのです。

私は世界平和の祈りも何にもない時に生まれて来た。それで私は何をしたかというと、私は「神様！　神様！」って言ったんですよ。神様有難うございます、神様有難うございます、神様有難うございます、朝から晩まで、神様有難うございます、だったの私は。

「どうぞみ心のままになさしめ給え。どうぞ神様のいいように私をお使いください」それだけだったの。そうしたら神様は「よーし使ってやる」ということになったのでしょう。それはハッキリ私に聞こえたわけだね。それからいろんな苦労もしたけれども、ついに今みたいになった。だから皆さんも、神様は愛であることを信じなさい。絶対なる！　信ずる通りに汝になれ、というのは本当なの。ただ信じればいいんです。

とやかく言っているのは消えてゆく姿、どんなに疑っても、どんなに考えても、大神様の正体をわかった人は一人もいない。

大神様はどこから出てきたのか、わかりゃしない。自分はどこから出てきたかもわかりしゃしない。明日のいのちもわからない、みんなわからない。人間の知っていることというのは、僅かの僅かのちょっとだけなんです。それほどわからないんです。

誰がわかっているのか？　自分の運命を世界の運命を誰がわかっているのか？それは自分を創ってくれたもの、人類を創ってくれたものがわかっているだけです。人類を創ったものは何か、それは絶対者、神という名前で現われている絶対者です。その絶対者はどこにあるか。自分の中にある。外にもある。中には分霊として直霊としてある。外には守護霊守護神としてある。これが一体になって、人間は本当の仕事が出来る。

人間というのは、本当の人間の爪の垢ぐらいしか生きていない。本当の人間というのはこんな貧弱なものではないんですよ。今、地球に住んでいるような、こんな貧弱なものじゃないんです。一望千里、すべて見通しのつくもの、すべてがわかるんです。アメリカにいようとイギリスにいようと、ああこの人はこうでして、とわかる。私なら誰々というそういう人はサッとわかる。写真を見ても、名前を聞いても聞かなくても、誰か一人の人がくれれば、パッとわかります。その知り合いの人はこんな人とすぐわかっちゃう。なぜわかるかというと、自分がないから、ないから向こうの心の中に入っちゃうわけです。そういう人が本当の人間なんですよ。神人・真人・真の人なのです。皆、真人になる要素がある。

神様というのは、突然に現わしてくれるんだ。私の経験でよくわかる。力でも智恵でもパッと現われる。気が小さくてはいけませんよ、気が大きくなくちゃあ。やさしくて、あくまでやさしく、あくまでたくましくなければね。ところが優しい人は気が弱い。それではいけない。気が強くて、気が強いというのは、しっかりしているということで、そして優しくて、慈愛に満ち溢れていて、いざとなったら梃《てこ》でも動かない、不退転の大決意があるという、そういう人間になるためには、神様にすがって、神様は愛であって、自分たちを不幸にすることは絶対ない、という大確信を持たなきゃダメ。それは私が保証するから。

神様に本当にすがっていて、悪くなったら、私が救いにゆくから。絶対に救いに来る。だから神様にすがりなさい。そして朝から晩まで夜中まで、ズーッと世界平和の祈りを唱えていて、唱えると言っても、口で唱えなくてもいいんですよ。心の中で唱えていれば、夢の中でも世界平和の祈りがやれるようになればいいんです。夢の中でも五井先生って言えるようになれば、それはスーッと山に登る姿です。そういう人は必ず不幸を越えます。そういう人は立派な生活を築くに決まっているんです。それが原則なんだから、皆さん気を大きくして、世界平和の祈りをやりなさい。それだけですよ。

それが唯一の救いの道、個人の救いでもあり、世界人類の救いでもあるんですよ。その間の形なんかどうでもいい。寝ていようと、しゃべっていようと、起きて何をしようと構わない。ただ心の中で世界人類の平和を願う、熱烈なる想いになってくる。そうすると活気が出ますよ。

真心をもって明るい顔をしていれば、みんな安心して祈りをやりますよ。皆さんだって、暗い人に会ってごらんなさい。自信のなさそうな人に会ってごらんなさい。この人どうだろうと思っちゃうものね。

こそこそとつまらない人のアラばかり見つけているような人間は、もういらない。今までの宗教はダメなんです。なぜかというと、人のアラばかり探して、お前の心はどこが悪い、お前の目つきはなんだ……そんなことはどうでもいいじゃないの。小さなこと。過去世の業想念が消えてゆく姿。消えてゆく姿ばかり摑まえて、ああじゃないこうじゃない、ということは、宗教でもなんでもない。

宗教というものは、人間が神様のいのちを自由に発揮して、いのちあるがままに生き生きと生きることなんですよ。生き生きと生きている。それが自由解脱っていうんですよ。今までの宗教は結果として、みんな解脱させないように、させないようにした。お賽銭をあげた奴がいいんだ。殿堂を建てるために寄付した奴がいいんだ。金を取ったり、奉仕させたり、そんなことばっかりしている。

それは教団が勝手にむさぼり取っているんだ。そんなもの詐欺漢だ！　神様は怒っている。このごろは形ばっかり作って、大げさなことをやって、それでいかにも宗教が大きいような気がしている。そんなことあるもんか！

宗教は殿堂なんかではない。宇宙に満ち満ちている光だ。私がこうやってしゃべっていることは、宇宙にひびきわたっているんですよ。建物は借りているんです。借り家だから礼金は払わないといけない（笑）。礼金は皆さんが払ってくれて、借りている。

それでもみんなが育ってゆく。そういうもんだから、気を楽にして、大きくして、神様の愛を信じて、世界平和の祈りをしていれば、必ず皆さんはよくなります。

（注1）統一とは、自己の想念が自己の本心、神のみ心と一つになること。また、そのために行なう行のことであり、かつて千葉県市川市に本部（聖ヶ丘道場）があった当時、定期的に統一会が行なわれていた。
自己の想念が本心と一つになると、自ずから愛と真と美の正しい行為が自己の日常生活の中に現われてくる。

（注2）白光真宏会の月刊機関誌。

神のみ心を自分のものにする

（昭和35年2月18日）
飯田橋・東京割烹女学校にて

理想を現実に現わすには？

今までの生き方でゆきますと、自分の悪い癖というものを、自分の力で直してゆくのが宗教であるし、修養となっています。

怒りの想いを自分で直す、妬みの想いを自分でなくす、荒々しい気持ちを自分で鎮める、というように、自分が修養して、切磋琢磨してゆくわけです。それも必要ですよ。でもあまりそれに把われますと、自分がだんだんみじめになってくるのですよ。いくら自分の癖を直そうとしても、一朝一夕でなかなか直るものではないからです。これは長い間の積み重ねがあって直ってゆくものなのです。

一年や二年や三年で、なかなか癖が直るものではない。直そうと思うとまたねじ曲げられる。またやろうとするとねじ曲げられ、しまいに「ああ私はこんなに一生懸命やっているのに、どうして自分の性質はよくならないのだろう、自分の運命がよくならないのだろう」と苦しくなってくるのです。

そこで一日一日が大事です。一時《とき》一時《とき》が大事です。そして、一日一日、一時間一時間というものを、どういうような生き方にするかというと、自分の想いというものの、癖というものを常に世界平和の祈りの中に入れて、神様のみ心の中に入れて、その中から生活するというようにすることが大事です。

いっぺん自分を昇天させてしまうのです。自分というもの、自我というものがありますね、自分でいい悪いと判断する。自分で自分の心を押さえる。そういう想いをいっぺん祈りの中に入れてしまうのです。自分でいい悪いと判断する、自分の心を押さえるというのは、いい癖ではないのです。思慮分別といいます。

お釈迦様は、宗教の根本は思慮分別してはいけないことだ、と言っています。考えたり、思案していたのでは、本当の仏の心はわからない、とお釈迦様はおっしゃっている。唯物論者に言わせれば「ものを考えないで、思慮分別をしないで、どうして生きられるのか、それではバカと同じじゃないか」という反応が出るわけです。そういう意味ではなく、思慮分別を捨てた中から、改めて思慮分別が出るわけです。

この三界を生きている人たちが、本当の宗教がわからない場合、それは人間の業生の世界を認めているわけです。この世界は人間が作って、悪い所といい所がまざって、むしろ悪いほうが多くて、不幸なほうが多くてという生活が、人間の生活だと思っている。自分が悪い心を持っている、欲しい欲しいという欲望を持っている、それは人間だから当たり前だと思うわけです。欲望がなければ生きていかれないじゃないか。こう思うのが普通の考え方でしょう。

理想論の宗教的な考え方からすると、欲望などというものは、神様のみ心ではないからないのだ、というわけですね。神様というのは完全円満で光り輝いていて、善ばかり美ばかりだから、そういうものはないのだ、というわけです。

では私はどういうようにするのか。

当たり前の一般大衆が見ているように、人間というのは欲望があるのが当たり前だ、と一応は認めています。認めながら、その認めた想いごと、いのちの根源であり、心が出てくるところの本源である神様のみ心の中に、いっぺん入れてしまう。ところが神様のみ心というのは、どういうものかわかりませんね。神様と言っても摑みようがありません。摑めるものは何かというと、それは神様の目的です。目的の中に神様の心があるわけだから、目的に合致する生き方さえすれば、神様のみ心の中に入ったことになるでしょう。神様はどういう目的を持っているかというと、自分の姿をこの地球世界にはっきり写し出そうとしています。今は写し出そうとしている過程なのです。

他の星でもって、完全なものが出来た、金星も出来た。地球界はまだ出来ていない。その過程にあります。しかしあくまでも神様のみ心が現われるべくなっている世界なのです。神様のみ心が現われ出るということは、神の国、天国浄土がこの地上界に出来るということです。そのように出来るように、み心の中ではちゃんとなっている。それが神様の目的です。その目的に合うように、人間各自の想いがなれば、神様の中に入ったことになりますね。

それも今までは、ただ単に神様神様と言ったり、神社に行って鈴を鳴らしたり、お賽銭をあげて、なるたけ最小の投資で最大の利益を得たい、というのが今までの信仰している人の生き方だった。そういう信仰は本当の信仰ではありません。最大の富を得るには、神様の御姿を現わすような、神様のみ心をそのまま現わすような生き方が出来れば最大の富、最大の幸福になるのですね。

ところが神様というと、お宮の中にいたり、仏閣の中にいたり、神棚の中にいたり、動きのとれない神様だ。神様は動けないのです。伊勢神宮なら伊勢神宮に行かなければ、伊勢の神様がいなかったりする。今までの古い観念の神様は、その場所に行かなければいないような神様です。

本当は神様というのは、宇宙に満ち満ちているのです。と言われるとまたわからなくなってしまう。どうかな、摑んでみよう、と言っても摑みようがないのです。そこでどうしたらいいかとなると、やっぱり神様の目的に自分の想いを合致させれば、神様が現われてくる。神様と一つになるわけです。

そこで言葉としては「愛と真《まこと》を行じなさい」とか「美しい行ないをなさい」とか「人を愛するのですよ。愛の行ないの中に神様はおわします。美しい行ないの中に神様はいらっしゃる。真の行ないをすれば、神様はそこにいらっしゃる」というように教えるわけです。

サァ今度は、その愛と真がわからなくなってくるのですね。愛の行ないをしなければならない。隣の人が困っている場合には、自分のものを捨てても、隣の人に奉仕しなければならない。隣の人は貧乏して、ラジオも買えない。自分の家にはテレビもある。家庭電化製品がいろいろある。電気洗濯機もあれば電気ストーブもある。そうすると良心的に考えると、自分が悪い人間のような気がしてくるのですよね。

何かあげなければならないような気がしてくる。こんないい暮らしの半分でも隣りにやったほうがいい、といい人は本当に思うのです。

そうした場合、実際にやってごらんなさい。夫なり、子どもなり、妻がいると、怒ります。

「お前はなんてバカなことをするのだ。お隣りはお隣りの勝手じゃないか。なんだ」と文句を言いますよ。家庭不和になります。夫はふつうの人で奥さんが素晴らしい愛の深い人で、自分の勝手にやったりすると、夫とうまくいきっこありません。その反対でも同じです。

自分は国家社会のためにやっているんだ、と夫が意気張っている。妻が当たり前の人で、家庭が円満であればいい、自分の家がうまくいけばいい、と思っている。夫はどんどん自分のものを持ち出し、金を持ち出し、社会事業のために使ってしまう。そうすると貧乏になって、妻は食うに食えなくなってくる。夫を恨みます。そういうケースが随分あるのです。

夫がいいことをしているように見えても、妻や子どもを泣かすからには、いいことにならないですよ。不調和だから。自分のお膝元が一番不調和になってしまうのです。そういう状態が出来てくる。本当にまっすぐにやると。だからむずかしいです。本当に良心的な人は悩むのですよ。世間が社会が貧しいのに、自分だけ無事にすんでいるけれどいいのか、自分はこういうふうに裕福に暮らしているけれども、自分だけこんな生活をしていていいのかしら、と思うのですよ。金があっても何も買えなくなってしまいます。それで自分の家のものをいちいち配っているうちに、なんにも無くなってしまう。今度は妻なり子どもなりが不運になる。こういうジレンマに陥る人がいい人には随分あるのですよ。

蟻の町のマリアではないけれど、お父さんやお母さんが理解があったから、貧乏の仲間に入って生きたけれど、もしお父さんお母さんの理解がなければ、ああやって飛び込めやしません。止められてしまいますよね、そうしたら、あの人は悶々として一生を送ったでしょう。ご両親の理解があって飛び込んだけれど、無理をしたから若くして死んでしまったんですね。

問題は全般的にみて、あれがいいことか、悪いことかということになるのですよ。蟻の町のマリアの真似をしよう、あんなにいいことをした、しかもみんなに讃えられた、私もああいうことをしたい、と言って、自分の娘さんが飛び出していった場合、ここにいるお母さん方が〝ああいっていらっしゃい〟と言うか言わないか。たいがい言わないと思うの。私は自分の子どもだったらやりません。なぜやらないか。それをこれからだんだん話しますけれど、百人いたらおそらく、九十九人までやらないと思いますよ。

ちゃんと学校を出してやっているのに、あんなに貧しいバタヤさんの部落に、自分の娘が行くと言ったら、ハイとやれますか。それはやれないと思う。ここにいる人はほとんどやれないと思う。

自分は奉仕したいという想いと、親たちが止める想いと、どっちも愛ですよ。親としては見ていられない。子どもを不遇にしたくないから、やりたくないと思います。マリアさんみたいな人は行きたいと思う。さあ愛と愛とが鉢合わせになります。そうするとお互いが困るでしょう。お互いが善意です。親のほうは子どもを思う善意、子どものほうは人類社会というものを思う善意。両方がぶつかります。愛し合いながら、お互いが愛を行ないたい、と思いながら、ぶつかってゆくのですよ。

だから単純にいいことをしたい、という、愛を行じたいというけれども、厳格に考えると、本当に突き詰めると、なかなか愛を行なうのも難しいのです。私なんか生来《せいらい》そういう愛行をしたい一方の人間なのですよ。そういうことで母親とぶつかりました。母親は生きているうちは当たり前の、律儀な人です。人に金を借りないけれど、人にお金を貸さない。借金は一銭もしたくない。しかし人には貸さない。貸すならやったほうがいい、という人です。

私は友だちが困っていると、着ているものを脱いでもやってしまう、という人でしょう。これをうまく融合することがむずかしい。うちの子はとてもいいことをしている。私なんか思いもつかないようないいことをする子だけれども、せっかく稼いでためて買った洋服を人にやっちゃうバカがありますか、ということになりますよ。だから当たり前の人は、愛の深い人と一緒に暮らしていたら、付き合いかねるのですよ。他人の行ないの場合には、「ああなんて美しい行ないをしたろう、ああ蟻の町のマリアは偉いなァ」と思うのだけれど、さて自分にふり返って、自分の子どもになってくると、そうやっては困る、というのが人間の通常性です。

そういう人間の心を考えながら、政治もとらなければならないのだろうし、宗教の話もしなければならないのですよ。ところが今までの宗教家、宗教指導者というのは、そういう人間の通常の心を考えないのです。こうすべきである、こうならなければいけないと、理想ばかり持ってゆく。そうすると、まじめに、まともに理想を聞いた人は苦しんでしまうのですよ。私なんかまともだったから、それで随分苦しんだ。どこかで折り合わせをつけなければと思ったけれど、折り合いがつかなかった。今までの宗教ではつかなかった。

たとえばイエスキリストが「上着をとる者があったら下着をも与えよ」というで

しょう。「右の頬を打たれたら左の頬も打たせなさい」と言う。実際の話として出来ないです。そこまで出来る人は、この地球界の人類においては、何人もないのです。ほとんどないと言っていいくらいないのです。

たとえば布団が一枚あったとする。隣の人がないとする。自分の布団は隣の人にあげて、自分は藁に寝て、隣人に布団をしかせるか。しかせやしない。二枚あったとする。一枚やるかもしれない。三枚あったら一枚半（笑）そうでもないけれど。同じには分けられない。同じどころではない。一枚もやらないです。たいがいの場合、自分のところに余ったものをやります。余ったものをやってもいいことをしたと思うのです。とても自分が嬉しくなってしまうのです。そんなものですよ。

本当のよいことになると、自分と同じに分けなければならないわけだ。平等でなければならない。そこまで本当に考えなければならない。そこまで突っ込んで考えて、さて出来ない、という結論に達するのですよ。理想は現実にそのまま現われるわけにはいかないから、それで出来ないということになる。でも出来ないではしようがないでしょう。そこで私どもの教えがあるのです。

理想と現実のギャップを祈りの中へ

この地球世界にあると、身近かな者を愛するのです。一番身近かな者は自分なのだ。自分より身近かな者はありはしない。それから夫であり妻であり、子どもであり、兄弟姉妹であり、親戚であるというようになり、一番親しい友だちということになってきますよね。そうやってだんだん遠い人になってゆくわけです。これは嘘偽りのない話です。私は嘘偽りは嫌いだから、嘘偽りのない話です。

そうすると、本当の純粋の愛を行じようとすると、どうしてもギャップが出る。ギャップが出ることは仕方がない。そこで愛せないこともあるし、自分のことを先に考えてしまうこともあるし、自分の子どものことを先に考えることもある。だけど、そういう想いをかまわず、神様のみ心の目的、地上天国を創るための目的である、世界平和の祈りの中に入れてしまえ、というのです。

「ああ私は本当はこれだけやらなければならないけれど、それをやると私のほうが困ってしまうし、うちのお母さんに怒られるし困るから、ごめんなさい、世界人類が平和でありますように」と世界平和の祈りを唱えるのです。そうすると、世界平和の中に、いつもいつも自分が入っているわけです。

もっと言いかえますと、人間は本当はすべて一人一人が兄弟姉妹なのです。だから生命としてはみな平等でなければならないのです。隣の人が困っているのを、見過ごしていてはいけないのですよね。でも実際問題としては、そういうことは出来ない。出来ないギャップはどうしても残る。そういうものを、全部いっぺん神様にお返しをしなければいけない。

一ついいことをしたから、いいことをしたというのではなくて、また、マイナス面で悪いことをしたというのが悪いことはなくて、そういうものは、みんな消えてゆく姿として、この世に波として現われてくる。話を先に戻せば、過去世において、いろいろなことをやった。施しをして、いろいろな人に恵んだりした。貧しい中からも一生懸命恵んだ人があるとする。そして自分は貧乏していたとします。その人が生まれ甦《かわ》ってくると、金がどんどん入って来たりして、そんなに余力がふつうよりあるわけがないのに、いっぱいお金を持っている人があります。地位がうんと上がる人もあります。そういう人は、必ず前の世で、あるいは前の前の世で布施をしているのです。人を助けたりしているのです。そういう人が必ず金持ちになるのです。

たとえば、今、性格が悪くて、今いやなヤローだと思うような人でも、お金をうんと持っている人があるとする。それは前の世ではとても人に恵んでいる、そのお返しなのです。恵むということは、天の倉に宝を積むのだから、貯金したと同じことです。その貯金が今帰ってきて、自分の財産になっているわけです。前の世で優しい愛の行ないをしていた人は、今生に生まれ変わると、実に美人に生まれるのです。前の世で優しい心の人だったのだから、今生でも優しくなればいいのだけれども、そうはいかないらしいのだなあ。優しい人もあるけれども、美人で優しくない人もあるからね。
みな前の世のこと、あるいは前の世のまた前の世のことが返ってくるわけなのです。この世で貧乏で苦しんでいる、体も悪いとすると、その人は前の世でその反対の人生をしていたわけ。お金は持っていても、自分だけに使っていた、人を蹴とばして生きていた、というような場合があるわけです。そうすると今生で苦しむわけです。苦しむことによって、前の世の業が消えてゆく姿になって消えてゆくわけなのです。

貧乏なら貧乏していること、病気なら病気をしていること、苦しんでいることは、それはかわいそうであるけれども、その貧乏を助けただけでは解決しないのです。表面のその苦しみを助けただけでは、その人が良くなるわけではないのです。その人に一番必要なことは、こういう行ないをすればこうなるのだ、という原理を教えることなのです。ところが頭ごなしに原理を押しつけると、その人をいじめたことになります。「お前の心が悪いから、貧乏しているのですよ」とこうやる。これは今までの宗教です。そうではなくて、それはみんな過去世の因縁が消えてゆくのですよ。だから消えてゆくのだと思いながら、世界平和の祈りの中に入って、神様に貧乏も苦しみも病気も、いっぺんお返えししましょう。というように世界平和の祈りをして、神様のみ心の中に入れてしまえばいいのです。

その人の貧乏という業が全部、世界平和の祈りの中に入ってゆく。どんどんお祈りをしてゆくと、知らないうちに貧乏の業がなくなってしまうわけです。そうすると改めて、神様のほうからいいものが入ってくるのです。それは間違いなくそうなのです。そういう原理を教えてあげるのが、一番の愛の行ないです。それならば、自分のお金も半分分けてやらなくても自分の生活はそのまま安泰です。そういうように本当の真理を開けてやればいい。光を与えてやればいい。神様につなげてあげればいいわけね。

神様というのは無限、絶対なものだから、神様の中には無限の財産もあれば、無限の知恵があって無限の能力があって、すべてがあるわけですよ。だからそこにつなげてあげさえすれば、すべてがその人に与えられるわけです。一万や二万の端金《はしたがね》をやるより、はした金でもないけれども(笑)絶対無限なる神様の中に入れたほうが、その人を救ったことになるのですよ。

今生の行ない、今生の運命というものは、すべて過去世の行ないの裏返し。だから一日にたとえれば、その日にやったことが、やはり明日、明後日、しあさってに現われてくる。だから一日一日が大事なのです。朝起きた時に世界平和の祈りをして、皆が無事であることを祈って、それで始まる。その日それでズーっとその世界平和の祈りの波に乗って仕事をして、また寝る時、世界平和の祈りで明日につなげてゆく。毎日毎日、世界平和の祈りでつなげてゆけば、世界平和の祈りというのは、神様の目的なのですから、神のみ心がそのまま現われている世界なのだから、その中に毎日毎日入ってゆく。毎日毎日入っていることは、その人自身が光の中に入っているのだから、その人自身が必ずよくなるに決まっている。

それと同時に、世界平和の祈りの中には、隣りの人も向かいの人もみんな入っているのだから、その人たちも光の中に入ってくるわけです。するとその人たちもよくなるに決まっている。というふうに、すべての人が世界平和の祈りをしていれば、お金をやるとか物品をあげるとかするよりも、よほど光り輝く世界に導いてくるのだから、その方が愛でしょう。

そういう教え方ならば、宗教が人を縛る道具になりませんよね。皆が蟻の町のマリアにならなくてもすむのです。蟻の町のマリアさんはそれはそれでいいでしょうね。マリアさんという人が出たということは、ああ立派な行ないをする人がいるんだな、私も少しでもいいことをしたい、という気持ちをみんなに持たせるから、それは効果がありますからね。とても効果があったけれども、そのために泣いている人もあるわけだ。親なんかは誰でも泣きますよ。どこかに無理があるから、マイナスが出てくるわけです。自然な行ないじゃないのですよね。その人にとっては、やむにやまれない行ないだけれど、周囲の親とか親戚とかは、せっかくあそこまで育てて、情けないと思うのですよ、腹を割ればね。

若い人で真面目な人は、家を放り出してやりたい人が随分ありますよ。親などを捨てても、社会運動をやりたい人はたくさんあります。しかし親を捨て、兄弟を捨ててやったことが果たしていいことか、というと、私はいいとは思わない。なぜかというと、そこに不調和があるからね。

神様の行ないに不調和はない

神様の行ないというものには、どこにも不調和があってはいけませんよ。家庭にも不調和が起こってはいけない。周囲にも起こってはいけない。それでもって、社会人類のためにもなる、という行ないをしなければ、それは完全円満な行ない方ではありません。どこかに調和しないところがある。私は深くそれを思いますよ。

家庭を乱して、それで神様事をやっているということはいいか悪いか。それでは何にもならないですよ。家庭は一番近いところだからね。また家庭の奥さんとか子どもなんかというものは、お父さんにいちいちお礼を言わないです。大体文句ばっかり言っている。お金を貰っておいて文句を言っている。有難うと言わないですね。喜んでくれる人にやりたくなってしまう。だから、すべて喜んでやらなければいけないですね。

たとえば子どもが何をしても喜んでやる。夫が何をしても喜んでやる。人間には喜んでもらいたいという気持ちがあるのですよ。やってもらったら、素直に喜ぶ。やったらそのことで喜んでもいいのです。もらったほうも喜べばいい。お互いがどんな些細なことでも、喜んで受けたらいいのです。それが変に硬く、遠慮して、いらないと言ってみたり、何か喜ばない人が随分あるのです。

よく母親にありますよ。古い母親に、今ごろはないかもしれない。子どもが何かお母さんのために買ってくるのですよ一生懸命。

「お母さん、これ買ってきた」

「よけいなことをしないでお前、お金を使わなくていい、よけいなことをして」(笑)。

小言を言うのですね。それじゃ嫌になっちゃうでしょう。これはまずいですよ。母親としては子どもにお金を使わせたくないから、要らない、私なんかにしなくていい。と言うのだけれど、子どもを思うあまり言うのだけれども、子どもの愛を受け入れないのですよ。そういう頑なな親が随分いますよ。そういう時は無駄使いしなくてもいい、と思っても、その愛情というものは高価なのです。金にかえられない、品物にかえられない尊いものなのです。だから気軽に有難う、と受けとればいいのです。有難うと受ける、という気持ちはいいのですよ。要らないとかいるとか言わないで。向こうがたとえ義理とか何かで出したっていいじゃないの。こっちは愛情だと思って貰っておけば（笑）。

なんでも貰うものは有り難い、と思って貰えばいいし、あげるものは有り難いと思ってやればいいのです。貰ってくれる人があるので、出す喜び与える喜びがあるわけでしょう。貰ってくれる人がなくなってごらんなさい。与える喜びがないですよ。人間というのは与える喜びもほしいのです。頂く喜びもいいのです。貰うことも嬉しいですよ。ほんと持ってきてもいいですよ（笑）。貰う喜び、与える喜び両方あるのです。だから両方がお互い満足し合わなければいけないのです。

すべてに把われてはいけません。自由な大らかな気持ちで、愛情を交換し合わなければいけませんね。西洋人は割り方そういうところが大らかですね。ところが日本というのは、ギリギリ一杯、型にはまった悪い家族制度みたいのがあります。東洋は全部そうかもしれない。儀式ばった義理にはまった、こうしなければならない、というのがあるのです。もっと自由でなければいけません。本心のままにやったほうがいいですよ。本心のままにやって、向こうが喜んでくれるようなそういう人間にみんななればいいのだからね。そういう性格に自ずからなってゆくのは、祈りの生活なのですよ。祈りの中、神様の中に入って、そして生活してゆく。それを毎日毎日やっていますと、知らないうちに神様のみ心が、自分の中からそのまま現われてくる。そうすると、パンと一言いったことが、向こうのためになったり、何気なくお金をやったら、その人がとても困っているところだったり、そういうようなやり方が出来るのです。なぜかというと、神様が知っているからです。

大神様と言わなくても、守護霊守護神さんはお互いが知り合っているのです。一年中、顔を合わせているのです。「やぁ今日は」と言っているのを、みんな知らない。みんながうしろを向いていたって、守護霊さんたちは話し合っている。大阪と東京と離れていたって、守護霊さんたちは話し合っているのですよ。

人間はだから、つねにうしろにいる守護霊さん守護神さんに話しかけるつもりでいるといいですよ。ああ自分のうしろに、自分のこと、子孫のことを全部知っていらっしゃる方がいらっしゃるのだと、守護霊と話をすればいいのです。どういうふうに話すのかと言ったら、その話し言葉は世界平和の祈りなのです。

世界平和の祈りの中に、神様の中に想いを入れると、もう守護霊同士が話し合ってる。守護神同士が話し合っている。一つになっているということです。世界平和の祈りの中に入ると、そこがいっぺんにパーッと広がるところであって、みんなが通じ合うのです。本望が通じ合う所なのです。だから世界平和の祈りの中に、全部が入っていれば、一日一日が充実した生活になるのです。寝たっきりの人もあるでしょう。寝ていることは一つもムダじゃない。寝ながら世界平和の祈りを一生懸命やっていれば、その人のいのちは世界平和の祈りの中に生きているのです。それで守護霊同士がみんな働いている。無限に働いている。寝ながらでも働ける方法なんてほかにありません。それは世界平和の祈りです。

この世で自分が行使できる権利は祈りだけ

世界平和の祈りだけは、寝ながらだって、なんだって効くのです。今までの祈りというのは、神社にいって柏手を打たなければダメ。神棚に手を合わせなければ祈りにならない、という不自由極まりない祈りだったのです。

神様は宇宙を動いているのです。生き生きと動いているのですよ。それが何か固ったような気がするのね。そこで私は救世の大光明というのです。光という言葉を使っているのです。何々の神というと固まっているような気がするでしょう。何々仏というと何か固まっている気がする。救世の大光明というと、サァーッとひろがっている気がする。だから私は何々の神様ということを、いっぺんも言わないでしょう。私のうしろには何々の神様がいる、と言わないでしょう。救世の大光明が働いているという。

神様には名前がたくさんあるのだから、たとえば天照大神というような形で現われる神様。日本では天照大神だけど、英国ではなんて言うのだろう。中国でなんて言うのでしょう。アラビアではインドではなんて言うのでしょう。みんな違うでしょう名前が。だから名前をつけてしまうと、固定してしまって、不自由です。「うちは先祖代々阿弥陀さまです」「うちは先祖代々大日如来」「うちは天照大神」「うちはキリスト」ということになるでしょう。同じものなのに同じもののような感じがしないのですね。そこで私は救世の大光明という。大光明ならどこだって同じだものね。英語で訳せばいいし中国語で訳せばいい。皆同じこと。そういう立場で私は働いているのです。

そこで救世の大光明というのは、私の場合なんで働いているかというと、世界平和の祈りとして働いている。宇宙に世界平和の祈りが鳴り響いているのです。それは神様のみ心です。神様は世界人類を平和にしたくてしょうがないのだし、それが神様の役目なのだし、理念だし、み心なのです。だからそれに合わせるような生活をすればいい。世界平和が実現するための生活をすればいいわけですよ。

平和を実現するための生活、と言って、政治に携わるわけではありません。一般大衆というものは政治に携わっているわけではないでしょう。選挙でも、自民党はいやだけれども、社会党に入れたら、共産党になったら困るから、自民党に一票入れましょう、というのが大半です。あるいは自民党はけったくそが悪いから社会党に入れてしまう。なんだかわかりはしないのです。あなた方が選んだ国会議員だから、大臣だから、あなた方の責任ですよ。と言われたって、ちっとも責任のような気がしないのですよ。一票投じた人はわかりはしないのだ。ふつうの人にはわからない。選挙なんていうのは、義理合いで入れているみたいなものですよ。「あそこに頼まれているから、しょうがないから入れましょう」そういうもんですね。

　この世界というのは、終始一貫、自分の権利なんて行使できません。自分の権利が行使できるのは何か、と言ったら祈りだけです。神様の中に入るということは自由なんです。神様の中に入って、神様のみ心を自分のものにすることは、自由なのです。どんなに好きな人がいたって、あそこに行きたいと思ったって、あの人を嫁にもらいたい、と思ったって、向こうで違う人を好きだったら、これはしょうがないです。あの会社に勤めたいと思ったって、向こうで雇わなければしょうがないでしょう。

　ところが神様だけは「神様、私はあなたが好きですよ」と言ったら「ハイよ」と言うのです。神様はどんな人でも、鼻が曲った人でも、口が曲った人でも「あなたが好きです」と言ったら、いつでも、「アイよ」と言うのですよ。「さあいらっしゃい」と抱きかかえてくれるのは神様です。だから淋しい時、悲しい時、何でも神様！　と言って入っちゃえばいい。ところが神様だけでは何だかわからない。そこで世界平和の祈りの中に入ってゆくわけです。神様！　と自分が助けてもらいたい、とすがったことが、実は助けてもらうと同時に、人のためにもなる働きになってくるのです。

たとえ話でわかりやすく言うと、株を買いますね。株は自分が配当をもらうから得をします。株をみんなにたくさん買ってもらえば、会社も大きくなり、生産も上って伸びます。両方得をするでしょう。株を買うことをすすめているんじゃありませんよ。これはたとえ話。世界平和の祈りはそういうものですよ。自分が救われたいと思って祈るのだけれど、祈っている内に、自分だけが救われるのではなくて、世界人類が救われてゆく協力者になっているわけです。株の投資に似ています。株はいい株を買わなければならないけれど、神様にいい神様というのはない。神様は一つだからね。どんな守護神でも皆一つの神から分かれて、現われてくるわけです。世界平和の祈りをとにかく祈りさえすれば、自分が救われると同時に、自分の想いが光にかわって、世界人類を浄めるのですよ。

世界平和の祈りを、朝から晩まで心の中でやっていればやっているといっても、いちいち唱えていたら面倒ですよ。唱えてなくても世界平和を思っていれば、自分の中で鳴っているのです。そうすると朝起きても目覚めがいいし、夜寝る時の寝心地もいいし、夢の中でもいい夢を見る。悪いことを見る時には、それは消えてゆく姿。光に追い出されてゆく姿です。過去世の業が光に追い出されて、消えてゆくのですよ。それだけ自分の心が光ってくる。

守護霊、守護神と分霊の協力体制

神様というのは微妙な波動なのです。物質界というのは粗《あら》い波動なのです。神様が自分を分けて、物質界をまず創らせたわけです。そして、神様がまた分かれて、人類に働く直霊として、直霊の分霊をあらためて物質界に派遣したわけ。微妙な波動の働きが粗い波の中に、一度入ってくるわけですね。粗い波動を通り抜ける時、それはあたかもトンネルを掘っているようなもので、トンネルを切り開けば光が入って来ます。切り開くまで、土をかぶって真黒になってしまうでしょう。それで汚いと同じように、細かい波動が粗い波動の中で働いているうちに、細かい波動なら一瞬にして行けるのに、粗い波動ではそれが出来なくて、時間がかかる。時間のマイナスがすべてのマイナスで業になるわけです。

細かい波動は粗い波動の中では、細かい波動本来の力が発揮できないのですよ。いつも言うことだけれど、人間が裸で泳げばとても速いのに、着物を着て、その上に重い潜水服を着たら、裸本来の泳げる力が出ないでしょう。それと同じようなものです。そこで背後から守護霊守護神という力を加えて、はじめて本来の微妙な人間の働きが出来るようになるのです。

今までは守護霊守護神というものを説いていないものだから、説いていてもいい加減な説き方をしているものだから、今までの宗教ではそれがわからなかった。そこでどうして業が出来たのか、完全円満なる神の子がどうして苦しんでいるのか、というのだけれども、完全円満という姿は、分霊と守護霊守護神と三つ合わせての姿なのです。

大神様が守護霊守護神と分霊とまぜた上で、はじめて完全になるように仕組んであるのです。守護霊守護神をぬかした分霊だけでは、完全ではありません。三者が協力して、はじめて完全な神様の姿が出来るわけです。今までは三者がまだ協力していなかったから、その間のギャップが業想念になって、不完全が出来たのです。

そこで私のような人が現われて、守護霊守護神と分霊と三者が合わせて働かなければ、本当の世界が出来ないのだ、と教えているわけです。守護霊さん守護神さん有難うございます、と常に守護霊守護神さんの中に想いを入れてしまう、世界平和の祈りの中に入れてしまうという教え方をしているわけです。そうするとはじめて完全になってきます。完全円満な人間がこれから出来ますよ。

自分も光る人類も光る

（昭和35年2月21日）
飯田橋・東京割烹女学校にて

肉体を人間だと思っている以上は……

皆さんは私の話を聞いているから、大体わかっているけれど、普通一般の人は人間というものがわかっていない。

人間というものは肉体を持ったものがここに現われて、食べたり飲んだりしている物体の物質の人間だと思っている。固体の固まった不自由な人間だと思っています。人間を固まった肉体だけが人間だと思っている以上、この世の中は二進《にっち》も三進《さっち》もいかなくなり、どんづまりになってしまう。

どういうことかというと、アメリカにしろソ連にしろ、日本にしろ支那にしろ、皆この固まった肉体の人間を守ろうとするから、戦争になるわけです。人間は神様の子である、ということになれば、戦争ということは起こりっこないのです。ところが人間は肉体だと思って、この形がなくなったらお終いだ、と思っています。形の国がなくなればお終いだと思っている。そこでこの形の人間が住みやすいように、安楽に暮せるようにと思うために、お互いが領土争いをするわけ。

人間がこの肉体と思えば、一番可愛いのはこの肉体ですね。そうすると、この肉体から生まれてきた子どもだとか、自分の肉体に近い人たちが一番、親しいわけですね。そうするとそれを守ろうとする。それが大きくなって、民族とか国家とかいうものになっても、やっぱり自分の民族が可愛いし、自分の国が可愛いのです。これは当たり前ですね。自分の民族より他の民族が可愛いということはないのですね。ですから肉体が人間だと思っている以上は、この世の中はどうしたって相対的になってしまう。敵味方が出来るわけですね。

この現われの世界においては、絶対ということはありません。たとえば地球にしても太陽系宇宙の中の場所が決まっています。日本という場所が決まっています。アメリカという場所、ソビエトという場所が決まっている。その場所以外に必要な場合が出来てきます。アメリカは軍事基地が欲しいとする、すると沖縄を自分のものにしてしまうのですね。ソビエトが軍事基地が欲しいとすれば、歯舞《はぼまい》、色丹《しこたん》でも千島列島でも、みな自分のものにしてしまう。

いくら自分の国が広くても、自分の国のために便利のように、より自国の権益が拡大されるようにと思って、他の国にちょっかいをかけるわけです。それが武力的にかける場合もあれば、経済的に圧迫をかける場合もある。日本が大東亜戦争、太平洋戦争を始めましたね。あれは負けたからこそ、日本だけが悪いことになっているけれども、日本だけが悪いのではない。喧嘩両成敗で、日本も悪いし、アメリカも悪いし、イギリスも悪い。みんな悪いのですね。

お互いの業がぶつかり合って、力の強いものが勝っただけの話で、アメリカに神様が味方して日本が負けたわけじゃない。日本が神様に見捨てられて負けたわけでもない。お互いの肉体人間というものが、すべてだと思っている想いがぶつかり合ったわけです。だから肉体人間だけが人間だと思っている。そういう観念からすれば、いくら神様神様と思っても、神様！　と言って信仰があるように見えても、肉体世界だけが人間世界だと思っている以上、結局、戦争のほうに行ってしまうのです。

アメリカはクリスチャンの国です。赤ん坊に生まれた時、洗礼を受ける。子どもになれば日曜学校に行く。いつも日曜日には教会へ行って礼拝する。義務みたいに、行かなきゃおかしいようになって行っている。イギリスでもみんな教会に行って、礼拝というのをしている。だから子どものころから、神様！　というのが植えつけられている。神様によって人間は創られたものだ、と植えつけられているのだけれども、だんだん大きくなってゆくと、いつの間にか神様を離れている。「神様、神様」と言って教会に通いながら、いつの間にか神様から離れている。

どういうふうに離れているかというと、肉体の人間というものに自分の想いが入ってしまって、肉体の人間というものを主にして思っている以上は、神様から離れているのです。なぜかというと、神は霊だから目に見えない姿です。目に見えないものだから、目に見えるものだけに把われていると、いつの間にか、目に見えるものの中に入ってしまって、神様から離れてゆくんですね。

だから神様神様と、ただ言っていても、肉体の人間だけを全存在だと認めているようでは、終いにはやっぱり神様から離れてゆく。いい例は、アメリカの大統領にアイゼンハワーという人がいます。アイゼンハワーという人はクリスチャンで、大変立派な人なのですよ。立派な人だけれど、やっぱり神様が全存在だと思っていないのです。神様がすべてのすべてで、自分が動いていることも、何かもすべて神様に任せさえすれば、神様のほうでうまくやってくれる、ということは思わないわけです。やっぱり自分の力、自分の周囲の力、人間の力というものを過信しているわけです。

アイゼンハワーばかりでなく、まわりの人もクリスチャンです。それでいながら、自然に力の関係というように、軍備を拡大してゆくわけです。どうして軍備を拡大するかというと、軍備でもって産業が膨張しています。これを軍縮にすると、軍需工場で働いていた人たちが、みな失業するわけでしょう。他の仕事にまわすというわけにはいかなくなってくる。まわすにしては仕事が足らない。そうすると、失業状態が多くなって、景気が悪くなってくるわけですよ。

これは肉体の人間というものが主になっているからですよ。それでそういうことになってくる。

ソビエトのほうはまだ産業が未開発の地がたくさんあります。開発しなければならない土地がたくさんあるわけですから、そっちへ廻せばいくらだって人間は要るわけですよ。しかも否応なしの命令でやりますからね。幹部が決めたことは、なんでもかんでもやるわけです。だから早いですよ。まとまりがいい。スポーツにしても、芸術にしても、科学の面でもアメリカを超えています。すべてにおいて、今アメリカよりも優《まさ》っています。力を重点的に軍備なら軍備、スポーツなら、芸術にもってゆくからですよ。国家が全部やっている。だから急激にあれだけ素晴らしくなっている。

ところがアメリカのほうではそうではない。あっちの人の意見、こっちの人の意見を聞きながらやっている。その意見というか世論というのは、神様の心を心として言うのではなく、自分たちの都合のいいようなことを提案する。日本でも同じですよ。おらが村の大臣さんが出てくる。そうすると、陳情といって出てくるわけですが、大臣はその言うことを聞かないと、次の選挙に落ちてしまうから、なんだかんだと村の代表として、自分の意見を通そうとして、自分の村の利益をはかるわけですよ。

こっちの町の、こっちの市の大臣も来て、みんなでもって大臣競争をやるわけです。「こっちの河川を直してくれ」「こっちに道を通してくれ」お互いが自分の町とか村とか市とかというものを主にしてやる。そうするとAの町とBの町とは利害関係が違う。Ａの町を先にやったら、予算がＡに行ってしまうから、Ｂのほうに出来ない。Ｂの町を先にやればＣの町が出来ない。そこで強い大臣が権限を通せば、この大臣は力があるから、とまたそれを代議士にし大臣にするわけですよね。

そういったことは日本にもあるし、アメリカにもある。お互いが自分のまわり、自分の立場というものだけを守るわけです。そこに人間の苦しさがある。

人間というのは形のある世界、形のある肉体の世界、形ある町というもの、形ある国家というものを土台としている以上は、どうしても対立します。絶対量が足りないのだから。どこまで行っても国があるわけではない。海になってしまうでしょう。地球というものはこれだけに決まっているわけだ。地球の外でまで生活は出来ない。

「地球は嫌だから、金星に行こう」なんて今は行かれない。やがて行かれるけれど今のところは行かれない。だから地球だけしか生活できない。しかも地球の国という小さい範囲でしか生活できない。だからどうしても自分の利益だけを考えている。肉体的自分というものを考えている間は、相対的になり、自分の利益のためには相手をやっつけなければならなくなってくるんですよ。

これはどんなにうまいことを言ってもダメなのです。話し合うといってもダメですよ。ソ連とアメリカが軍備の拡張をし、いろいろ科学兵器をつくって、優位を競っている。アメリカとすれば「自由諸国のため、自由諸国を守るために自分がやる」と言うけれど、実は本当に自分だけ自分の国だけを守りたいのですよ。自分を守るために、自分の道連れに日本を抱きこむわけでしょう。

ソビエトはソビエトで、共産圏を守るために、というのだけれど、本当に自分を拡大したいんだ。そのためにうまいことを言っては、アメを買って与えては、だんだん仲間につけてゆくわけです。

ソビエトもアメリカもお互いが、自分の権益を守るための味方にしようとしている。これは間違いない事実。だから話し合いをしたってダメですよ。なぜダメかというと、自分のことを譲らないから。自分の権益は権益のまま持っていて、それで話し合おうとしたって、話し合いがつくわけはない。

それはどこから出てくるか、というと、肉体人間だけが人間だと思っているから、霊の世界、神の世界とか、無限の拡大された世界、生命の本当の世界を知らないからなのです。要するに自分というものを知らないことから始まっている。

そこでソクラテスなどは「汝自身を知れ」人間は自分のことがわかればいいのだ、自分がどういうものであるか、ということがわかれば、すべてが解決するのだ、というように言っているのですね。

「汝自身を知れ」ということはどういうことなのか。それは、人間というものは、肉体だけではないのだ、ということを知ることなのです。今ごろは心霊主義スピリチュアリズムといって、霊魂のことを研究して、人間は死んでも死なないのだ。死んだ世界があるのだという研究が盛んに行なわれるようになってきた。英国、フランスなどは非常に盛んなのです。日本もこのごろ盛んになっていますけれど、今のところ下火になっています。

それは心霊主義というものが、だんだん新興宗教のような形になって、教祖がたくさん出てきたからです。それで競争しているわけですね（笑）。ところが、その教祖たちが本末顛倒《てんとう》してしまって、人間を本当に救うために働いているのではなくなって、みな自分の利益を拡大するために、自分の権勢欲を満たすために、ただ構わず信者を獲得している。わかるわからないじゃないのです。とにかく勢力を増やせばいいのだ、ということでどんどん勢力を拡張している。信者数が増えるようになると、政界に進出して、政治家をたくさんつくって、自分の思うままにこの世界をしようと思っている。

だから宗教でもなんでもなくなってしまう。自我欲望、自分たちの権益、自分たちの幸福というものを、自分たちが主になってつくろう、と始めている。

地球全部を救うのが世界平和の祈り

この間、こういう質問が手紙で来た。

「予言によると地軸が傾いてしまって、地球が亡びるという予言がある。その時はいつか、その時に初めて空飛ぶ円盤が来て救われるという話だけれど、空飛ぶ円盤が来て、宇宙人が地上に降り立って救いに来る時に、一部の選ばれた者だけ、つまり宇宙人に関心を持っている者、自分たちみたいに宗教をやっている者だけが救われるのか」という質問でした。私は高橋君にこう言ったの。

「そんなバカなことはない。地軸が傾いていて、地球が滅びるようになっているけれど、そのために世界平和の祈りが出てきたのだ。この祈りが出てきて、地球が傾くのを緩和させて、地上界の人類の損害を最小限度のもっとも最小限度、ほとんどないくらいにして、地球をそのまま維持するのだ、地上天国を創るのだ。そのために世界平和の祈りが出ているんだ」それから、「選ばれた、要するに信仰心があるから、宇宙人のことを思っているから、その人たちだけが救われるのか、というと、そんなことはない。全部救う。地球人類全部を救わなければ、神のみ心は成就しない。神のみ心というのは、信じないものを救わない、信じた者だけを救う、そういうものではない。太陽の光というのはすべてに当たるのと同じだから。すべてを救うのだ」と言いました。

少なくとも、五井先生というものがやっている運動というものは、選ばれた者だけ救おうなんていう運動じゃありません。一般大衆全部、地球人類全部を救うための働きをしようという、そういう活動なのです。わかりますね。

だから宗教をやっていながら、自分たちだけが救われればいいのだ、自分たちは一生懸命やっているから、自分たちだけが救われればいいのだ、救われないのは、自分がやらないから悪いので救われないのだ、というようについ思ってしまうのですよ。変でしょう。

宗教というのは、神様のみ心の中に入るのだから、自分の中の神を引き出すのだから、そのために神様を求める――それが宗教です。

「神様神様」と本当に神様の中に入ったならば、神様はすべて一つなのだから、一人の人でも怪我したり、一人の人でも滅びることは嬉しくないことですよ。それを、自分たちだけが救われればいいのだ、というような想いがどこかしらにあるならば、それは宗教ではない、それは自我欲望、形を変えた自我欲望だ。そんなことを私は教えているのじゃない。断固として言います。

今、新興宗教がたくさんありますが、何か自分たちだけが救われればいいような感じを持っているのが、たくさんあるのですよ。自分たちだけが救われよう、という観念がある以上は、世界は一つになりっこないし、争いがなくなることもないし、平和になることはないのです。

私はおかしいと思うのですよ。

宗教宗教と言っていたり、神様神様と言っていながら、本当は神様のみ心がわからないものだから「自分たちだけ、自分たち」とこう言う。

本当に神様のみ心がわかって、自分が神の子であるとわかると、自分とかなんとかがなくなっちゃうのです。自分のため、自分たちのため、というのはないのです。

自分という時には、自分がすべてになってくるのです。

自分が救われるということは、すべてが救われること。すべてが救われた時でなければ、自分が救われたという気がしてこない。私なんか、みんなが救われてこなければ、救われた気がしないですよ。

いつでも自分の想いの中には、人の想いがあって、人の悩みなどがここにあるわけです。だから全部の人が救われない限り、その人の想いや煩悩は消えない。世界人類が本当に平和になって、本当に和気藹々《わきあいあい》として、闘争心や憎悪の想いがなくなった時、初めて五井先生の救われがあるのであって、私の救われはすべての平和が成就しなければ、無いわけです。そのために私は来ているのです。

だから自分だけがよくなればいい、そういうチャチな想いがあるのだとしたら、それはダメだ。それは業想念で消えてゆく姿です。私たちの運動というのは、自分だけがなんとかという、ちっぽけなことを考えていないのです。全人類が共に救われる。全人類が救われない時には、共に自分たちも滅びましょう、ということなのですよ。

そういう想いならば、肉体が滅びたってその人は菩薩身だから、赫々《かっかく》と霊界で輝きますよ。自分の肉体だけが救われたい、自分の立場だけがよくなればいい、というような想いは、それは業想念なのだから、そんな想いをいつまで持っていたって、霊界でよくなるわけではない。

なぜ自分たちだけ、自分たちだけと思うかというと、肉体人間だけを全存在だと見ているから。肉体人間を自分だと思っているから、自分という時には、この肉体を思ってしまう。

私たちの世界では、自分という時には肉体なんか問題にしていないです。肉体はありゃしないのだから。ただ現われている。本当の人間、本当の自分というものの働きを現わすために、肉体があるだけであって、肉体が消えれば霊界で現わすのですよ。

現在は、この肉体がみんなあります。だから肉体の世界において、本当の自分のいのちの光をここで輝かすために、ここに生まれてきているのです。どんなよぼよぼのおじいさんでも、生まれたての赤ん坊でも、本当の生命《いのち》、神様の子である生命、霊なる生命をこの肉体世界で生かそうと思って、ここに来て働いているわけです。赤ん坊が「おぎゃあ」といって、ニコニコしたことで、まわりにいる人たちが、ああなんて可愛いのだろう、輝やかだな、ああいいなァと思う。その時、みんなの中に愛が芽生えますよね。

赤ん坊を見て、憎らしい、なんて思う奴はいない。ニコニコと赤ん坊に笑われてごらんなさい、もうとても嬉しくなっちゃう。それはなぜか？　赤ん坊は何もしないですよ。ただニコニコとやっているだけで、おぎゃあと泣いただけで、みんな周囲の者が、ああよかったなァ、嬉しいなァと、みんなの中から光が出るんです。喜びが出るんです。喜びが出た時はそこが光なのです。喜びは光です。そこで愛らしいなァという愛情がみんなに出ます。それは光です。

赤ん坊が一人いることが、周囲の何人もの人をみな輝かすことになる。赤ん坊が寝ていて、おしっこをしていて（笑）。それでもってみんなを喜ばせ、輝かせている。

それは赤ん坊がいのちそのままむき出しに現わしているからです。だからその生命《いのち》の光に打たれる。生命《いのち》というのは神様ですから、神様の光にみんなが打たれるわけです。それで愛情が湧いてくるわけなのです。だんだん大人になってくると、輝かせていないのだ。くもらせちゃうのだ。

どういう姿が生命の輝いている姿かというと、それは素直な明るい姿ですよ。柔かな穏やかな平和なものを、自分が持っていると、何も話さなくたって、持ったものが出てくる。そうすると会っている人は、なんだかいい気持ちだな、なんだか輝かしくなってくる。そういう人間というものは、肉体だけの存在ではないのです。肉体から出るのではなく、神様のみ心が、神様の光がこの肉体を通して出てくる姿ですよ。それにみんながふれるわけなのです。そうするといい気持ちになる。

空の心が愛になり、光に変わる

だから理論的に「汝自身を知れ」といっても、解剖学的に皮をはいだってわからない。どこに汝があるのか？　本体はどこか？　と頭を叩いても、心臓を切り開いても本体はありませんよ。どこに本体があるのか。それはわからないのです。

しかしわかる方法が一つある。

肉体的な想念というもの、自分というものをなくせばいいわけ。自分というものをなくすと、サアッと神様が現われてくる。

空《くう》になると、パッと現われてくる。ところが空、空と言ったって、簡単に空にはなりはしません。空になるという方法は何かというと、ふつうは仕事に打込んでいる時よ。どんなつまらない仕事でも、一生懸命、仕事に愛情をもって、お裁縫ならお裁縫でも、この仕事によって、着る人が幸福になりますように、という気持ちでやっている。愛の心ですね。それが空です。空即是色《くうそくぜしき》です。空の心がたちまち愛になって光り輝いている。

どんな仕事でも愛をもって、そのまま一生懸命、愛に托して仕事をしている場合には、それは空即是色になって、空がそのまま光になって出ている姿です。ただ坐っているだけで空になるというのではないのです。それだけじゃない。それで空になれる場合も随分あります。皆さんが統一会で、坐って統一していると、スーッと空になる。空即是色の光が出てくる場合もある。それは勿論いいことです。しかし年中、坐ってばかりいられない。お母さんが朝から晩まで坐っていては、子どもは食えなくなっちゃう。空じゃない、おなかが空だと言っちゃう（笑）。それじゃダメです。

当り前に、日常生活の中で空になれる方法は何か、といったら仕事に熱中することです。たとえば天才的なピアニストがいる。あるいはオイストラッフほどのヴァイオリニストがいる。彼らだって、練習に練習をつづけて、空の状態になって弾《ひ》いているのですね。なにか気が入ってごらんなさい。そうすると、早い曲だったら間違えてしまうもの。それが空になって、一生懸命になって勉強したものが、光になって出ている。

空になった時にはじめて、光が出てくるわけなのですね。すべてそう。だからどんなにつまらない仕事も、たとえ廊下をぞうきんで拭くのだって、部屋を掃除するのだって、いい加減な心でやるのだったら、空には一生なりません。どんなつまらない仕事でも、一生懸命やれる、本当に愛をもってやれるようになると、それは空の状態なのです。

やさしいでしょう。空なんていうと難しそうな気がするのだ。坐らなければならない。坐禅観法してやらなければ空にならない。そんなことはない。

空になるということは、本当のものを出すために空になるのです。肉体想念のまつわっていない肉体の業生ではない、業生をぬけた神様の本当の元《もと》の光、それを出すために空になるのです。だから空になった、ただ空という時間はないわけです。空になる時というと、必ず光が働いている時なのです。本当の光が働いている。だから斎藤さん、村田さんが坐って統一していて、何もなくなった。体もなくなった、意識もなくなったという時、それは空ですね。その時には霊体がうんと働いている時です。

それと同じように、お掃除していても、つまらない仕事をしていても、その一生懸命、誠をもって〝これをきれいにすれば、みんなが喜ぶ〟という気持ちでやっているのは愛の心です。それは光ですからね、それはもう空を超《こ》えているのですよ。だからいちいち空になってから、光が出てくるのではなくて、空になると途端に、光が出ている。光になる時には空を超えているということです。

何回も言いますが、どんなつまらなそうな仕事でも、生命《いのち》をかけて、生命《いのち》をそのまま出している、素直に喜んでやっている。その姿は空の姿です。そうするとその人は必ず成功しますよ。

私は一生懸命やったけれども、ちっともよくならない、という人があるとしたら、それは一生懸命ではないのだ。不平不満があるんだ。空じゃないんだ。光じゃないんだ。業想念でやっているからね。儲けたい儲けたい儲けなければ……とやっているから儲かりはしない。儲けなければ……というのは業だからね。本当に一生懸命にやっていれば、儲けようと思わなくたって、儲かります。金が要らないと思ったって、要ると思ったって、ちゃんと出てきます。

私どもがいい証拠です。何にも思っちゃいない。ただただ人を救おうと思って、やっただけでしょう。それでこうなる。こうなろうと思っていない。何も思わなくて、なるのです。それは本源の光を摑んでいるからね。空になって本源の中に入ってしまっているから。だから本源のところから出てくるのですよ。必要なものは何でも出てきます。必要でないものは出てきません。必要でないものが、もし出てきたとしたならば、それはマイナスになります。

ここにたとえば億万円の金を使えない人があるとしますね。使うだけの器量のない人に、億万円来てごらんなさい。どうしようもないから。持ったって宝のもちぐされですよ。裏長屋に住んでいたとします。そこにダイヤモンドなんかもらったってしようがないでしょう。それと同じように、一番自分に適したものが現われてくるわけです。適当なものが現われて、魂がだんだん光を増してきたら、またそれにつれて物質も来る、ということになるのであって、本源さえ摑めばいいのですよ。

本源を摑みさえすれば、世界は平和になるのです。

形ではなく本源を摑む

本源を摑まないで、肉体の人間に摑まっている。肉体の自分に摑まっている。肉体的な国家に摑まっている。形の上の社会に摑まっている。だからダメなの。根本が違う。根本問題を何んにも解決しないで、目に見える世界だけを追求しているから、やっていけっこないのです。絶対量が足りないのに人口が増えてゆく。絶対量が足りないのだから、無理ですよ。そこを押してゆくから、相手から奪い取らなくてはならない。だから奪い合いになる。

それがわからないで、世の為政者たち政治家たちというものは、力と力の関係だから、力を増やさなければダメだ。力の均衡がなければ、力が崩れたほうが攻められて負けてしまう。だから力を……といつまでもやっている。これは恐怖の連続です。いつまでたっても恐怖がつづく。終いにはボタンを押し違えて、原子爆弾が落ちて、お終いになっちゃう。

そういう世界が続くならば、生きていたって仕方がないんだ。先に伸ばしているだけだから。一丁早く片付けてしまったほうがいい、と青年たちは刹那享楽主義になる。その日その日が面白く遊べればいいのだ。とチャラチャラとやっているでしょう。ロカビリーなんて腰を震わせて、あれは酔っぱらいの姿よね。テレビの番組なんか見ていると、どうかしてしまっている、と思って見ている。狂って狂って、若い人たちは狂っている。全学連が国会を乗っ取ったでしょう。あの時、大藪という青年作家が、機関銃を据えつけて、ババーッとやっちゃったらいい、と言っていましたね。無責任極まりないことを、平気で言うのです。今の若い人たちはわからないだろうけど、それは無責任。

無責任というのは誰のせいかというと、社会のせいなのです。その子たちのせいもあるけれど、社会の波が無責任なのです。大人たちが無責任なのです。何にも目途がないのだから。青年たちを幸福にしてやる、という目途を誰も持っていない。

よ。

総理大臣、大統領をはじめ、青年を幸福に出来る、という自信が一人もないのです

「若い人たちがおれたちの言うことを聞いていれば、若い人たちは皆幸せになれるのだ」と言うのは誰もいない。そんなことを言える人はいないのです。真実の宗教家以外にはないのです。政治家にはおりません。そうでしょう。アメリカの言うことを聞いて、青年が幸せになるか。なりはしない。いつ戦争に引っ張り出されるかわからない。日本にしても、安保条約が改正になった。日本は軍備を拡大しつつある。そうしたらいつ徴兵令が出るかわからない、出ないとは誰も言えやしない。

憲法はなんといったって平和憲法でしょう。平和憲法だ平和憲法だと言っても知らないうちに、軍隊が出来てしまって、うーんと大きくなっているのでしょう。憲法改正もへったくれもないわね。もう軍隊になっちゃっているのですよね。そのように知らない間に、軍隊規模も広がってくる。騙《だま》されてしまうのです。大人が青年を騙して、青年に向かって、真面目になれ、正直になれ、と言ったって、言うこと

ききませんよ。そういう観念を大人が先に直さなければ、青年なんかよくなりません。大人が嘘を言って、人を騙し合っているような生活をしながら、子どもには悪いことをするな、と言うのですからね。

たとえていえば、お米は統制ですよね。統制というのは名ばかりで、ほとんど闇市で買っているのでしょう。この間も米屋が闇米を買ったほうが安い、と闇を買っているようなことを言っていました。闇というのが明るみに出ちゃって、明るみのほうが闇にいっちゃったりする。なんだかわけがわからない（笑）。何のために統制するのかわからないでしょう。ただ形だけ。何か考えはあるのだろうけれどね。

要するに道義的なところからゆけば、闇はいけないに決まっている。でも闇をやらなきゃ食えないので、闇を見過ごしているように政治が出来ている。闇をしてはいけない！　と言ったら、闇をやらないように指導者である大臣が、まず闇をやめなければならない。ところが料亭なんかで闇を食べているのですよ。それで担ぎ屋をやれば、引っかかったりする。ああいう嘘も八百だよ、この世界は。だからまともにこの現象世界を見ている青年は、何言ってやんだい！　とあばれたくなるのですよ。自分がやったら自分が損をするのだけれど、やりたくなる気持ちもわからないではない。

だからそういう世界をなくさなければいけません。そのために、まず気づいた人たちが「ああそうだなァ、先生の言う通り、本当に全く嘘ばかりだ。この嘘ばかりの世界に自分も嘘をついて生きているかもしれない。そういう世界にいて、さてどうしたら本当のことが出来るか、本当の生き方が出来るか」と考えることです。

この肉体の世界というものを、この肉体の自分というものを実在と認めて、それに主旨を置いている以上はダメです。肉体生活を維持しようと思う以上、嘘をつかないで生きてはいられない。少しでも悪いことをしないで、人間は生きてはいかれないのですよ。たとえば肉を食べなきゃ生きていかれない。魚を食べなきゃ生きていかれない。肉は牛や豚やトリや馬などを殺している。魚も皆殺している。殺生戒を犯しているので、仏教なら仏教をそのまま持って来てやってごらんなさい。

殺生戒といって、殺すなかれ、というのが一番はじめにある。仏教ばかりでなく、宗教には、殺すなかれ、という戒《いましめ》が一番はじめにある。魚を食べているのは魚を殺している。肉を食べているのは動物を殺しているのです。たいがい魚を食べている。私も食べています。そうすると形の世界で、自分の肉体だけを満足させようとすると、他のいのちを殺さなければいけない。

人間というのは矛盾しているのだ。牛や豚を自分で飼っていても、自分で殺しては食べられない。牛肉屋で買ってくる分には平気で食べちゃうのだ（笑）。そうでしょう。それでちっとも心が傷まないでしょう。ずるい話だね全く。そういうものです人間は。私は何も悪いことをしてない、とか言ったって、皆、殺生戒を犯して悪いことをしているのです。自分を生かすために他のものを殺しているのですよ。

というところでお話がお終いならば、私も普通の並の宗教家で、人を責めるだけになっちゃうのだけれど、ここからが私の話なのですよ。私も食べているのだから、私も同罪なのだから（笑）。

そこですよ問題なのは。たとえば豚を食べないでごらんなさい。豚は食べないと、日本人が決めちゃって、アメリカ人も決めちゃって、皆がそう決めて豚を食べなかったら、どうなりますか。誰も豚を飼わなくなります。誰もエサをやらなければ豚は死んじゃいます。絶えてしまいますね。そうすると豚というものはいなくなっちゃいます。豚の天命がなくなっちゃうのですよ。だから豚というものは、この現在の地上界においては、飼って育てて、食べて肉体に入れてもいいと私思うのです。人間がだんだん進化してくると、豚肉など食べなくなるけれども。

たとえば生活のためにお金を儲けるために、飼っている牛を売って、殺したりする。それでその一切れが私なら私のところに来るとします。そうすると、私は世界平和の祈りそのものだから、その牛の一切れを食べた時、私の肉体になって肉体を維持します。そうすると牛が私の肉体の中で、私と一緒に働いたことになるのです。世界平和のため、人類の平和のために牛が働いているのです。牛でも豚でもこの中に入って、私の肉体に化けてうんと働いているわけでしょう。そうするとその牛も豚も、位一級あがって働いていることになるのですよ。そこが問題ですよ。

皆さんも豚を食べるなり、牛を食べるなりするならば、ただムシャムシャ食べたらいけません。豚を食べるにしても、トリを食べるにしても、牛を食べるにしても「世界人類が平和でありますように」と祈って「豚の天命が完うされますように、豚さん、牛さん、トリさん有難うございます」と言って食べることです。そうすると豚の天命が完うされるのです。

世界平和の祈りを祈ることは、世界人類が光明化することです。世界人類が平和でありますように、と言う時には、光が大光明がここ（肉体をさし）に降りてくるわけです。自分に降りてきた光が豚なら豚に入ってゆくわけですよ。誰か一人が祈ったとすれば、その豚一頭は生きるのです。天命を完うするのです。豚が食べられたことがその天命を完うしたことになる。人類のためになることになる。

人類のためになるということは、神様のために役に立ったことになる。それをいい加減なことをして食べて「まずい、こんなもの！」と言って食べたら、それは豚の天命を完うさせないだけでなくて、自分の天命も完うしないのです。だからいかなる食べ物を食べる時でも、それは感謝しないといけない。有難うございます、だけでもいいけれど、食べるたびに〝世界人類が平和でありますように、日本が平和でありますように、私どもの天命が完うされますように〟と言って祈らなくてはいけない。

いちいち豚さん、牛さん、トリさん、魚と言わなくてもいいですよ。わざわざ細別しなくてもいいけれども、それを大まかに、世界人類が平和でありますように、の祈りの中に、すべての食物を入れなければいけませんよ。だから道を歩いていてもそうですよ。歩いていれば、蟻をつぶしているかもしれない。小さな虫をつぶしているかもしれない。草を踏みにじっているかもしれない。人間の都合でみんな殺して歩いているのです。向こうにとっては蟻でも草でも自分のいのちなのだから。それでも世界人類が平和でありますように、と祈りながら殺したとすれば、向こうのいのちが生きるのです。

どんなものを食べてもいいから、どんなことをしてもいいから、どんなことをしてもいいからって、悪いことをしても、と言うのじゃないですよ。止むにやまれないものは、という意味ですよ。避けられるものは避けたほうがいいです。だけどあなたが牛を食べなくたって、豚を食べなくたって、どこかで誰かが食べているのだから、全人類が食べなくなるまではね。だからあなたが食べている豚が一頭あったとする。その内の九十九%がアメリカに行って、一切れが自分の中に入ったとする。他では何もしなかったのに、あなたが世界平和の祈りを祈った時には、一頭全部が生きるのですよ。天命が完うされる。

ここに集っている人たちが、豚でも牛でも食べた時に〝世界人類が平和でありますように〟という想いで食べたならば、他の人に食べられた豚が生きてしまうわけです。そういう生き方をすれば、世界は光明化するのですよ。

それを今までは、平気で殺生戒を犯した。平気で食べた。それで私は悪いことをしていません、とやるのですよ。していないじゃないよ。殺生戒を犯しているのだからね。殺生戒を犯してはいけない、豚や牛を食べてはいけない、ということになると、窮屈になって、今度、生きられなくなります。植物もいけなくなるからね。野菜だって、お米や麦だって、なんだっていけなくなる。そうすると何も食べられないのだから生きられませんね。

だから生きるために、災を転じて福となすように、ひっくり返えせばいい。豚が災難を負っているのだから、牛が災難を負っているのだから、その災難を救うために、自分が世界平和の祈りを祈りながら、豚さん有難う、牛さん有難う、と食べれば彼らが生きるわけです。

すべてがそういう生き方で、肉体というものを主にしないで、霊というもの、光というもの、それをもっと具体的に言えば、世界平和の祈りというものの中に、すべてを入れて生活をするのですよ。そういう生活をしてごらんなさい。その人はいつでも光り輝いているから。その人の周りに来るものは、みんな光るのです。着物を着たら着物が光る。洋服を着れば洋服が光る、食べたものはみんな光ってくる。

罪を祈りに投げ入れると人間は神様になる

人間というものは四角四面に、これしちゃいけない、あれしちゃ悪い、というと、心が狭くなって、気が小さくなって、この世界が暗くなります。だからそういうことに把われる必要はありません。今まではそういう嘘ばかりやっていた。殺してはいけない。嘘を言っちゃいけない。何々してはいけない。といけないという教えだけはある。しかし教えている坊主からして、みなそれを犯しているのです。それを誤魔化《ごまか》している。今まで誤魔化してきた。誤魔化してはいけませんよ。

肉体を持った人間は、罪悪深重《ざいあくじんじゅう》の凡夫《ぼんぷ》なのだ。多かれ少なかれ、私をはじめ、全部罪を犯しているのです。それをとりあげると、人間はすべて罪の子ということになる。真宗でいえば、罪悪深重の凡夫よ、ということになる。これは嘘ではない。本当なの。ただし、それは肉体の人間側から見ればのことです。

罪の子である肉体、罪悪深重の凡夫である肉体人間を、いっぺん世界平和の祈りの中に入れて、神様に返しちゃうのですよ。世界人類が平和でありますように、と全部神様に返して、世界平和の祈りの中から生活すれば、どんなことをしてもそれは生きるのです。それでなかったら、救われっこないですよ。

どこかの国の司祭が共産党なのです。それでスターリンが偉い、共産主義がいいと言っているのです。罪があるものと言ったら、それは神だけだ、と言っているのです。なぜかといったら、そういう罪を犯す人間が出来たのは神の罪じゃないか、と言うのですよ。一理あるでしょう。このままだとすれば神様の罪ですよ。私もそう思うのだ。

このまま罪悪深重の凡夫ばかりいて、みんなが苦しむのだったら、それは誰が悪いのでもない、神が一番悪いのだ。大神様が一番悪いのです。だから恨むなら大神様を恨めばいいのだ。そこまで割り切らなければダメよ。

いたずらに神様を怖がってもしょうがない。そんな怖がって、戦々恐々として生きることはありません。人間が悪いなら神様が悪いのです。人間が罪の子のまま、罪悪深重の凡夫のままだったら、神様は一番悪いのだ。ところが神様のほうでは「わしは悪いものは創っておらん。完全円満なものだけしか創っていない」とおっしゃる。

あなた方が罪悪深重の凡夫であり、罪の子であり、不幸や災難がそこにあるとするならば、あなた方のやり方がまずかったのですね。

神様のほうでは皆神の子だと言っている。完全円満なのだと言っているのだからね。

そこで「お前たちを罪の子として創っていない」と神様はおっしゃるのだから、それを正直に聞いて「ああ、そうですか、神様有難うございます」とサーッと神様の中に入ってしまう。世界平和の祈りを通して神様に入ってしまう。それで現れた自分が悪かったら、それは神様のせいじゃないですか。私なんかそう思っているのですよ。

私なんか、神様どうぞ私の生命《いのち》をお使いください、と神様にすべてあげちゃったでしょう。そして神様が「お前のいのちはもらった」というところから始まった。

神様に全部あげちゃったから、私の言うことは神様の言うことだ、と思いこむというようなことではなく、もっと深く深く思っている。行ないそのものが神様。だから私の言うことははすべて真理だと思っている。だから、私は一挙手一投足全部、神様のみ心であり、み言葉だと思っているのですよ。事実そうなのです。

全部そうなるかというと、全部神様にあげちゃったから。全部あげたから、自分がないから、恐ろしいものなど何もない。私の言うことが間違いだという奴は、そっちが間違いだと思う。相手がいかにどんな神様であろうと、そんなものは間違い。と私は思う。それでいやだったら、殺すなら殺してみろ、というぐらいの覚悟なのね。お前が間違いだと殺すなら殺してみろ、どんな罰でも当ててみろ——というくらいの勇気があるわけよ。そう言うのは、真理を私は知っているからよ。

自分というものをすべて、世界平和の祈りの中に投げ出して、世界平和の祈りの中から生活したら、なんにも怖くないですよ。世界平和の祈りにすべて投げ入れ、そこから一歩一歩踏み出してゆけば、なんにも怖くないですよ。たとえ病気が出ても、それは消えてゆく姿。不安が出ても消えてゆく姿。どんなことが現われても全部消えてゆく姿になる。

神様の中に入れないで、消えてゆく姿と言ってもそれは消えませんよ。認めているのだもの。だから人間は、肉体を持っている自分たちはいっぺん罪悪深重の凡夫なのだ、何か知らないけれども罪を犯しているものなのだ、と思うのです。思って思いこめなかったら、ズッと深く考えてみなさい。必ず何かしら犯しているとわかる。わかったら、正直にそれを認めて、そういう自分を全部、神様に返しちゃうのです。そして世界人類のために私のいのちをお使いください、と改めて「世界人類が平和でありますように、日本が平和でありますように」と平和の祈りの中にみんな入れちゃうのですよ。私は、いつも入れているのです。歩きながらでも。

わざわざ心で思わなくてもいいですよ。仕事をしている時は思えないからね。そうではなくて、いつもこの中に思い出さなくてもあるように思うのです。自分の子どもは思い出さなくても中にありますよね。いちいち何ちゃんどうしてる、と朝から晩まで思ってはいないでしょう。思っていないけれども、ありますね。お母さんなんかよくわかるわけだ。子どもを思うような、親を思うようなそういう想い方で、世界平和の祈りをするのです。子どものことはたまたまどうしたろう、と思うくらいで、あとは思っていないですよね。思っていないで思っています。そういう想い方が信仰なのですよ。

言葉でいちいち出すのではない。想いの中にいちいち出すのではない。想い出さなくても、言葉に出さなくても、この中で鳴り響いているようなそういう祈り方をする。それは慣れれば出来ます。子どもを思うのと同じです。いつでもぴたっとくっついている。それは練習によってだんだん出来てきます。

そうすると、その人の一挙手一投足はみなすべて、神様のみ心になるのです。神の子としてのみ業《わざ》になり、み心になり、み言葉になるのです。そういうような生き方をしましょうよ。そうすると世界平和が開けてくるのです。そういう人が多くなればなるほど、世界平和が早く開けてくる。

宗教信仰に入ろうとする人は、大体気のよさそうな、気の弱いような、臆病な人が多いのです。あまり臆病でない、根っから度胸のあるような奴は「なに、神なんかに頼るか、俺は俺でやってゆく」といって生きていますからね。けれど終いに間違っちゃうのだけれどね。

気の弱そうな臆病な人が、神様を本当に摑むと、今度は勇気が出てくるのです。それは度胸がいいと頑張っている唯物論者よりも、ズーッと強くなる。迷わない、怖れない、そういう強い信念が出てくる。なぜそうなるかというと、神様がいれば他になんにもないのだから、この世の中に、神様の他に何もないのですよ。

それをみんなは影を摑んでいる。そして悪魔がある、悪がある、と思っている。それは消えてゆく姿ですね。それは自分たちが神様から離れていた想いが、消えてゆく姿であって、本当の世界には悪もなければ、不幸もないのですよ。何もないのです。あるものは光だけなのです。神様のみ心だけなのです。それがわかってくる。

暗い想いと明るい想いをとりかえる

私などは人の想いがみんなくる。くるからお腹が痛かったり、頭が痛かったり、肩が痛かったり、腰が痛かったり、年中、どこかしらが痛い。痛いけれど、痛いのと自分の迷いとは別なのです。痛いのは痛いけれど、別に何にも気にならない。ああ、お腹が痛い、ワハハハ、とやっている。頭が痛い、なんて言っていても歌を唱っている。それは別に何の関係もないのですよ。消えてゆく姿だから。それをハッキリ知っているものだから、関係はない。

皆さんもお腹が痛くても、歌が歌えるような、頭が痛くてワハハと笑えるような、そういう人間にならなければダメですよ。貧乏して明日のお米がなくて「明日の米ないのよハハハ……」と言える、そういう人にならなければダメですよ。そうなると、ちゃんとお金が入ってきます。それは私が保証しますから。

暗い想い、不満の想い、不安な想い、そういう想いがマイナスなのですよ。そういう想いが自分の運命を悪くし、神から離れるのです。そういう不安な想いや恐れる想いや、いろいろな想いが出たら、それを持ったままでいいのだから、そのまま世界平和の祈りの中に入るのです。世界平和が間に合わなかったら、五井先生！と言えばいいのです。そう思うことは光だから、光の中に入ってしまうから、業想念はパーッと消えてしまう。

それを年中やっていると、いつの間にか、そう思わなくても、いつも心が明るくて、穏やかなものになってくる。いわゆる観の転換です。

今までは不幸を実在だと認めている。自分の悪い心も実在だと認めている。自分の心だと思っている。そうじゃないのだ、過去世のものが消えてゆくのだ、と言って言葉で消してゆくわけね。それで消えるところがなければいけないので、世界平和の祈りという大光明の中に入れて消してしまうわけですよ。消してくださるのは救世の大光明。本当に神々は光り輝いているのですよ。その中にスーッと入ってゆく。

波なのだからね。人間の肉体だって波なのです。波の現われです。心も波の現われです。波の現われの中で一番いいところは、光り輝いている波のところです。その細かい光の波動の中に、粗《あら》い波動を入れてしまえばいいのだから。業想念の不安だとか、恐怖、憎しみなんていうものは、みんな粗い波なのだから、粗い波を細かい波の中に入れればいい。その入れ方は、世界人類が平和でありますように、と言うと入ってゆくわけです。そうすると、自分の体の中にサーッと明るい光が入ってくる。チェンジする。

暗い想いと明るい想いを取りかえるのですよ。自分一人では取り替えられないから、五井先生が仲立ちになって、世界平和の祈りが仲立ちになって、業想念を濾過《ろか》してくれるわけです。だからそのまま世界平和の祈りをし、間に合わなかったら、五井先生！　と言えば光が中に入ってくる。

これはなんべん聞いてもいいですから、なんべんも聞いて、自分で体得していかなければならない。坂井さんにしても、斎藤さんにしたって、初めからものがわかったわけではない。何もわからなかった。普通の人だった。世界平和の祈りをしながら、消えてゆく姿をやっているうちに、ものがわかってくる。人の運命がわかってきたり、坐っていたらサッと統一して、霊界のいろいろなことがわかったり、宇宙人のことがわかったりする。村田さんは始めから宇宙人に会っていたわけではないですよ。自然に浄まってゆくうちに、宇宙人と会えるようになってくる。そういうふうに自然になってくる。

だから皆さんも、黙って世界平和の祈りをして、当り前の日常生活をしていながら、不平不満があったならば、あったままで構わないから、世界平和の祈りをしていれば、自ずから心が明るくなるのです。そうすると本当の人間になるのです。

今までは本当の人間ではないのだ。みな偽《にせ》の人間なのだ。偽の人間に地球を渡していては、どうにもならないじゃないですか。偽を脱皮してゆく、偽の皮をはいでゆくわけです。何をはぐかと言ったら、救世の大光明が皆さんの業想念を浄めてゆくわけです。

大光明に協力する意味で、皆さんはかまわずどんどん世界平和の祈りをしてください。そうすれば自分も光ると同時に、世界人類が光ってきます。

私は偽善者をつくらない宗教を開いた

（昭和35年7月17日）
飯田橋・東京割烹女学校にて

無理はいつか破裂する

ものが見える、というのは、何を見ているかというと、光の波を見ているんです。光の波が反射して、それで見えるわけなんです。

肉体の人間同士が人間を見れば、今、皆さんが見えるように見えます。人間が見るのではなく、犬が人間をどう見ているか、猫が人間をどう見ているか、象は人間をどう見ているか、蟻は人間をどう見ているか。

人間が人間を見るのと、猫が人間を見るのと、犬が人間を見るのと、蟻が人間を見るのと、みんな見方が違うわけですよね。おそらく蟻から人間を見れば、断崖絶壁のようなすごく巨大なものに見えると思うんです。象から見れば蟻なんて、なんてちっぽけなものがいるのだろう、と思うでしょう。

肉体の人間同士が見ても、形の世界から見ると同じように見えるけれど、AならAという人が見た人と、Bが見た人と全く同じかというと違うんですね。Aが見た中村さん市川さんと、Bが見た中村さん市川さんとは違うのです。違うけれど総合してみると、やや似ている、やや形が摑めるというもんで、今度、中味になってくると、Aも違う、Bも違う、Cも違う。

本当の人間というのは、みんな見ている人とは違うかもしれないんですね。たとえばやさしい穏やかないい人だ、と見た人が、実はたくましくて、素晴らしく強くて、もう底意地が悪いかもしれない。表面で見ていて、つきあいが浅いとわからない。つきあいが深くなれば深くなるほど、その人が本当にわかってくる。

ところが結婚してから三十年も経つけれども、私は主人のことがちっともわからないんですよ、と言って私に教えを乞いにくる人がおります。三十年も一緒にいてわからないのはおかしいようだけれど、実はわかったように思っているだけで、本当はわからない。というよりもっと深く言えば、実は自分自身のことがわからないんですよ。自分は一体どういうものかわからないのですよ。

いくつもいくつも心（想い）があって、いろいろ探ってみると、一体自分は気が弱いのか強いのか、気が長いのか短かいのか、情深いのか冷淡なのか、わからなくなってくることがあるんです。

何が自分を判断するのかというと、自分の好みとか自分の習慣の想いで、自分を判断し、人を判断するわけです。習慣の想いは何かというと業想念という。前の世、前の世の過去世からのいろんな想いや行ないがありまして、それが幽体に積もって、習慣になり、習慣の想いというものが積もり積もって業になるわけなんですね。

そういう目から観じますと、人間というのは業想念の、相対的な自分の善悪、いわゆる自分の都合で変わってくるわけ。去年まで付き合って、あんないい人はない、と言っていたのが、何かの都合で、自分に都合の悪いことを言ったり、やったりすると、あんな意地の悪い、あんな悪い人はない、と言ってきますものね。

この間まで、誉めて誉めて誉めちぎっていた人を、今度は、あんな悪い人はありませんと言う。自分に都合が悪くなると、途端に悪くなっちゃうんですよ。それほどに人間の頭の判断力というものはお粗末なもんです。

政治家なんかそうですよ。昨日の友は今日の敵で、昨日は何々派だったと思うと、今日は何派に変わっちゃう。年中変わっています。自分の仲間だと思って「やあ君、一緒にやろう」と言っているうちに、いつの間にか勢力のいいほういいほうに移ってゆく場合が大分ある。

肉体の人間というものは、おおむね自分の利害関係で動くものなのですよ。だから他人《ひと》も利害関係で動いているから、あのヤロウはバカヤロウだ、ということを強く言える、自信のある人は本当はいないんです。自分の都合が悪くなれば、平気で動きます。

イエス・キリストの弟子にペテロという人がいます。ペテロという人はとてもいい人で、純真な偉い人です。もう師がいなくては生きていられないような、そんなような人なんだけれど、そのペテロでさえも、自分のいのちが危うくなると「あの人とは関係ありません」と咄嗟に言っちゃうんですからね。業なんですね。言ってしまって自分で悪いと思います。

こんなに慕っていた先生を、唯一無二の師、先生なんですね。その先生さえも、自分のいのちが危なくなると、嘘を言ってしまう。

そういうふうに人間というものは、自分の不都合になると、嘘でもなんでも言うんですよ。それが業想念なんです。それは絶対いけないかというと、いけないとかいいとかいうもんじゃなくて、そうなっちゃうんだから仕方がない。咄嗟にそうなっちゃう。

たとえば五井先生についていけば、大丈夫だと思っている。ところが、先生がやっている仕事を進めていったら、ハリツケになるとかということになるとしますね、おどかすわけじゃない。そんなことは実際にないけれど。たとえばの話です。ハリツケになってしまう。一緒にやっている者はみんなハリツケになるということになると、サァついてくる人が何人あるでしょう？

なかなかついては来られないものなんです。いざ命を捨てて、ということになると、ついて来られないもんです。私はそれが悪いとも思わない。仕方がないと思っているんですよ。たとえば自分がついてゆくとしても、今度は子どもなり妻だとかがやられるという場合があります。自分は生死を賭して、正義のために、やるんだ、と固い決意を持っていて、自分だけが出来ても、妻だの子どもだのがやられるという場合は、いっぺんに悲鳴をあげてしまうもんね。

大石蔵之助の忠臣蔵の芝居では、天野屋利兵衛は男でござる、という人がいたけれど、あの場合、子どもがやられるんですよね。でもあの人は偉い人で白状しなかった。あんな人は稀にみる人であって、大抵の人だったら子どもがやられたら、いっぺんに音《ね》をあげちゃう。「私のいのちはどうなってもかまわないから、子どもだ

け は ……」と命乞いをするでしょ。じゃ白状しろ、と言われれば白状しちゃうと思うんですね。

そうしたら、その人はダメな人間か？　そこまでしなければダメな人間だということになると、この二十七億ある人類のうち、ダメな人間でない人は何人いるかというんです。ごく少ないです、そういう人は。二十七億ほとんどダメだと思うんです。

自分のいのちは捨てられる人はあります。自分のいのちを捨てても、神のみ心のために働くという人はあるかもしれない。けれど、自分の妻や子どもや両親を痛い目に合わされて、それでも神のためにいのちを投げ出すか、というと、そこまでくると大変なんだ。ほとんどないんです。

ところが今までの宗教観念というのは、そうしなければいけない、と言うんです。二兎を選んではいけない。神のみ心だけだ。私の言葉で言えば、全然、業想念なんか捨てきって、それで神のみ心のままに生きなければならない、そうしなければ、あなた方は救われないんだし、人類は永劫に救われないんだ——というわけでしょ。

宗教というものは全部、そういうところにもっていっているわけです。それは真理の一番頂点なんですね。一番高い頂点なんだけれども、この世でみんな出来なきゃならない、出来るんだ。それで出来ない人はダメなんだ、信仰が浅い人なんだ、それではダメなんだというふうに言われているわけですよ。それでズーッと来たわけです。

そうすると、宗教をやろうとする人は、いかにも出来るような顔をするわけですよ。〝いつでも神様にいのちを投げ出せます〟〝何があっても神様のためにすべて捨てます〟というふうに、みんな表面上はそういう形をみせるわけです。

ところが実際、内面的には出来やしないんだ。出来ないから、自分で自分の心を責め、痛め苛《さいな》んでしまうんです。自己被虐といって自分をいじめてしまうんですね。それでいじめつづけているんです。そういう人が生まれ変わりをして、今生にはなんだか気の弱い人になって生まれてくる。信仰のある宗教的な人が案外、気の弱い場合が随分あるんですよ。

なぜ宗教的な人が気が弱いかというと、過去世において、今言ったような経験をしているわけです。自分の正直な想いを隠して、いかにも自分は信仰が深いというような生き方をみせるわけです。昔の坊さんなんかみんなそうなんです。

たとえば家庭も欲しい、女の人も欲しい、欲しいという心は中から燃えあがってくるものだから、これは本能的に出てくるものです。それをギュッと抑えているわけです。修行で抑えているわけです。抑えて抑えて抑圧しているから、抑圧したものは必ず破裂するんですよ。抑圧したものがないんじゃなくて、あるんだから、そこで抑圧したものがバッと出てくると、内緒事をするわけ。内緒事をすると、だましたことになるわね。だますと自分をいじめるわけ。それがガタガタと廻ってきて、過去世において坊さんをやったような人は、今生ではならず者になったり、遊び人になったりする場合があるんです。

前の世でもって修行して、要するに戒を守ってやって来たような人が、生まれ変わってくると、案外、道楽者になったりする場合が多いですよ。要するに、道楽者なんかみているると、過去世において大分修行したような人があるんですよ。修行に耐えられなくて、その時はごまかしていたんだけれど、生まれ変わってくると、今度はそれがパッと出て、女の人を三人も五人もつくったりするんです。

どうしてそうなるかというと、ごまかしているからね。どうしてごまかしているかというと、本当は出来ないからです。いっぺんに出来るようなものでない理想を、あたかもすぐ出来るように持ってくるからです。宗教家が悪いんです。自分でさえもなかなか出来ないようなことを、あたかもみんな出来るんだ、誰でも出来るんだ、というように説くでしょ。そうすると、出来ない自分が悪いんだ、自分は下根《げこん》で、自分はダメだから出来ないんだ、というように、自分をいじめてゆくんです。

ところが私はこう考えて、幼い時から思っていたんだけれど、むずかしいと思った。ああ坊さんなんか偉い、キリスト教の牧師は偉い、みんな偉いと思った。本当に神様のように欲望をみんな捨ててやっているんだ、と思ったのね。そして霊覚になってみて見たら、あにはからんや、みんな出鱈目で、嘘なんだ。みんなごまかしているだけなんです。

皮をかぶってるからね、心が見えないでしょう。だから見せかけだけど、うまいことばかり言ってりゃ、いかにもごもっともに聞こえるからね。いかにもその人が偉そうに見えます。ところが私が霊覚になって見たら、もう情けなくなっちゃった。ああ、あの人もダメだ。この人もダメだ。あれもごまかして、これもごまかしてと思いましたよ。

その時にああそれは当たり前だと思った。出来ないのも無理ないなと思っちゃった。それで人を責める気にはならなかった。さあ今度は、私はどういうことをやろうと思ったかというと、私は誰にでも出来る宗教を開こうと思った。みんな苦しんで、いわゆる自分をごまかさないと生きていけないような、そういう宗教のやり方ではダメで、要するに偽善者を創る宗教はダメだ、と思ったんですよ。偽善者を創らない、当たり前に誰でも出来る生き方、そういう宗教を創らなければダメだと思いました。

思いましたというより、思わされたんですよ、守護神のほうから。私はそういう役目だからね。易行道《いぎょうどう》の、楽にみんなが救われる、しかも人類をも救うという、そういう役目のこの器なんですよ。自然にそういう体験をさせられて、そういうふうになってくるわけね。

〝肉体人間はダメなんだ〟と一旦認める

それで私のやっているのが何かというと、みんなが理想をそのまま自分だけで現わすことは出来ない、ということを覚悟しなさい、とまずこういうわけです。

肉体の人間というものはみんな凡夫なんだからね。みんな業想念があって、理想を、神のみ心をそのまま現わすわけにはいかないんだから、仕方がない。現わせられないものなんだと、いっぺん割り切っちゃったんですよ。だから高きを望まない。私はみんなに高きを望まないんだ。肉体の人間には高いことを望んでないんです一つも。

姑さんが嫁さんよりも自分の娘が可愛いいのは当たり前だ。こう思っちゃうんです。娘が姑より自分の親の方が好ましいに決まっている――こう思った。自分の親に尽くすほど姑に尽くせっこない――と思ったんだ私は。自分の親ならば、何も尽くそうと思わなくたって、本能的に自然に親のために尽くすことは出来ます。親も心配します。しかし姑となると、これはつくりものなんですよ。今度はね本当の親と同じように愛することは出来ないのです。だから姑さんのほうじゃ嫁さんのことを、自分の娘と同じように、自分を愛させようと思ったって、これは無理よ。絶対無理なんです。よほど前世の因縁があった人は別よ。大体において、そうなんです。それは無理があるわけです。

そういうことがハッキリわからなければならないんです。人間というものは、現われている世界、自分の心というものを、本当に見極めなきゃダメです。ダメなことはダメでいいんだから。ああ人間というものはそういうもんだ、自分の心はどこまでいっているか、ああ私はこれだけのものだ、と。私はどうやっても、自分の利害関係を全部捨てて、自分の子どもでも母親でも全部捨てて、それで本当に神様を摑めるか？　ダメだなァ。

本当に他人と自分を同じに愛せるか？　自分を愛するように他人を愛することが出来るか？　ダメだなァと思う。

自分の子と同じように他人の子を愛せるか？　ダメだなァ――こうなるでしょ。私は自分の子以上に他人の子を愛します、なんて言う人があったら、手をあげてください。ありゃしないんだから、嘘なんだからそれはね。そういう嘘をやったらいけない。嘘のままでもって、あたかも宗教信仰深き者のように嘘のことをやったらいけませんよ。

本当のことを他人に知らせることはないですよ。私はダメなんだ――そんなことは言う必要はない。自分の心の中で、自分の本当のものを出すのですよ。自分の中で。

ああ私はこれだけの人間だ、とハッキリ自分で自覚しなければいけません。それが宗教の第一歩です。そこから宗教というものは始まるのです。自分をごまかして、自分はなんとか出来るんだと、ごまかしているうちはダメですよ。それは宗教ではないのです。宗教でもなんでもない。

自分はダメなもんだ、肉体の自分というものはダメなもんだ、ということが、本当にわかってきた時に、はじめて〝ああ神様、この何もわからない、ダメな人間をどうかお助けください〟ってことになるわけなんです。わかりますか？

自分はダメだからこそ、神様にすがるんだから。ダメでなくて、自分が肉体のまで完全なる神様なら、何にも要りませんよ。自分の心のままにいけばいいんだからね。それを間違える場合があるんですよ。

自分の思う通りに人間はなるんだ、というような考え方を持っていると、自分の思う通りになるんだから、神様は何にもいらなくなっちゃうんだ。

だから宗教の一番の第一歩というものは、まず自分というものはダメなものだと、肉体の人間というものはダメなものである、ということがわからないと、踏み出せない。

それにはやはり、正直に自分をみつめないと、そういうことがわからないんですよ。肉体の人間に、理想をそのまま押しつけると、みんな責めるようになってしまいます。何だあれは、宗教をやっているくせに、悪いことをしているじゃないか、他人をだますこともあるじゃないか、この間、猫の子を捨てたじゃないか、ということになり、責めるようになる。

宗教をやっているばかりに、猫が子どもをうんと産んでしまって、貰い手がなくて、捨てるに捨てられず、猫をかかえてどうしていいかわからない。それで自分で育てなければいけないというんで、猫ばっかり育ててごらんなさい。猫が二十匹も三十匹も増えちゃいますよ。なるたけ人にやったほうがいいけれども、貰い手がなければ捨てるより仕方がない、ということもあるでしょ。

宗教精神というものに把われていると、何にも出来なくなってしまう。私なんかその点で、非常に不便なことがあるんですよ。蚊や蝿はナムアミダブッと殺せます。ネズミなんてもう殺せない。ネズミの子なんかチューチュー鳴いて、かわいそうでね、可愛いくなっちゃって殺す気になれません。薬があるそうですけれど、それも使えない。

それでしょうがないから、ネズミさんに言ったんです。「ネズミさんネズミさん、お前さんが天井でガタガタしていると、どうしても私はあんたを殺さなきゃならなくなっちゃうから、あなたを殺すに忍びないから、どこか他のところに行ってくれ。どこか一番あんたに適当なところに行っておくれ」と言ったら、いなくなっちゃった。ネズミが出てくるたんびに、私はそうやって頼んでんだから。そうじゃないと殺さないとならないでしょ。それがいやなんです。出来ないのね。だけど本当は、それも把われなの。

別にネズミは人間のために働いているわけじゃない。お米を作っているわけではなくて、喰うばかりだからね。だから人間には邪魔なわけですよ。ところが生命としてそこに現われて来ていると、サァ殺すのに忍びないですね、そこで我慢すべきだと思っちゃうんだよね。そこがむずかしいところ。

そこで悩むということが、それはいいことなんですよ。あっさりとネズミをチューと殺しちまえ、猫はじゃまだから捨てちまえ、というんだったら、それは情がないということで、愛がないということで、生命を粗末にすることで、あんまり感心したことじゃないんですよ。把われないと言っても、そこで可愛いそうだから仕方がない、と涙をのんで、ナムアミダブツ、どうかいいところへ今度は生まれてくれと言って、ネズミがいいところへ行ってと言うと、どこへ生まれるか知らないけども（笑）そういう気持ちで涙をのんで、まァ殺すぐらいが丁度いいんですよ。そういうふうに人間は出来ているんですよね。

殺してはいけないと悩んで、しかし仕方がない、どうか神様お許しください、という形で、ナムアミダブツの心境でやってゆくと、そこに人間の美しい情愛の世界が生まれて、本当の神の国が生まれる一歩になるんですよ。それが行き過ぎてしまうと、どうにもならなくなってしまう。猫を何十匹って飼っている家があります。猫屋敷でしょ。それじゃ人間が〝私が家出しよう〟と出ちゃうかもわかんない（笑）。

蚊は蚊菩薩、蝿は蝿菩薩にして、蝿がいるのは汚いところがある、と知らせているんだし、汚い水を溜めないように蚊は教えているんだから、人間の世界をだんだんにきれいにするための蚊であり、蝿なんであるし、ウジ虫でもあるし、ノミでもある。だからあんまり並外れたことをすると、他の者に迷惑になる場合がずいぶんあるんです。

たとえば、学校などに寄付を出すんでも、一人の人がズバ抜けて寄付金を出すと、後の人が金がなくても出さなければいられなくなっちゃう。そうすると無理してでも、借金したり、物を質《しち》においても出さなければならない。そうすると一人の人がいいことをしたんだけれども、後の人のためにはいいことじゃなくなっちゃう場合があんのよ。とてもむつかしいことがある。

調和するためには、やりすぎてもいけない。そういうことを考えたら、人間世界なんてのは神経症になります。いいことか悪いことかわかんなくなっちゃう。そこでイザコザしたことを、全部、神様に投げ出さなきゃダメなんです。いっぺん全部、神様の中に想いを返しちゃえばいい、と言うんです。神様の中に想いを返してしまうと、神様のほうから、適当に行動させてくれるんですよ。どういう行動に出るかわかりませんよ。けれど馬鹿気たことはしないに決まっている。自然に自然に行なう。小言《こごと》をいう場合がいい時は小言を言うかもしれない。優しいのがいい時は優しくするように出るかもしれない。借金をしに来た者に、パタッと断ることもあるかもしれない。あるいは貸してやるようになるかもしれない。

神様のみ心から、行ないとして現われて来たことは、すべて万事オーケーなんです。万事いいんです。そこまでいかないとダメなんです。

神のみ心と一つになって、悪いことは絶対しない。なんでもかんでも真理のままに行なおうとすると、人間が窮屈になって、苦しくて生きられません。そこで阿弥陀様があるんですよ。法蔵菩薩のような人があるんです。あるいは親鸞上人みたいな人があるんです。イエス・キリストみたいな人がいるんです。

人間は凡愚で、神様のみ心のままに行なえないだろうから、サァ私の通りにおいでなさい。私が代わりにあなたの悪いところを背負ってあげますから、みんな私と一緒にいらっしゃい——というわけなんです。それが阿弥陀様の法蔵菩薩であり、イエス・キリストのマリアであるというんですよ。マリアさんが中に立って赦《ゆる》してくれるというのがありますね。

それと同じように、今は世界平和の祈りがみんな赦してくれるんです。世界平和の祈りの中に自分がとびこんでしまえば、自分たちの至らないところを神様の中に入れてしまって、改めて至る人間にしてくれるんです。

そのかわり、世界平和の祈りを祈りながら行なう場合には、なんにも悔いなんかしないほうがいい。そのまま行なったらいい。そこで悔いたら、ハッキリと悪いことわかったら、ああそれは消えてゆく姿だった、もう再び致しますまい、世界人類が平和でありますように……って祈りの中に入ってゆくんですよ。そういうやり方なんです。

善悪の把われを神様にお返しする

私たちのやり方というのは、今までの把われ、過去世からの把われ、善悪に対する把われ、これがいい悪いという把われを、みんなひとまず神様の中にお返ししてしまって、改めて神の子として日々を送る、というやり方なのです。その一番易しい方法が世界平和の祈りなんですよ。

真理ばっかり求め、真理にばっかりくっついていたら、真理に把われることになる。把われたら悪となる。いい事をしなければいけない、いいことをしなければいけない、とそればかり思っていると、今度はいい事に把われちゃうんです。ちょっとでも真理にずれたことをすると、至らない自分が苦しくて苦しくて、生きているすべがなくなっちゃう。そうするとその想いが今度業想念になって、病気なり不幸なりになって現われてくるの。

だからそういうやり方じゃダメなんですよ。自分の行なっていることが、もし悪いとするならば、悪いなら悪いで仕方がない。やっちゃったんだからね。兄弟喧嘩をする。隣人と喧嘩する。ああしまった！　と思いますね。しまったと思った時に「これは消えてゆく姿だったんだ、もう再びこういうことはしますまい、世界人類が平和でありますように。隣人の天命が完うされますように、私たちの天命が完うされますように」そういうふうに世界平和の祈りをすれば、喧嘩したことがかえって、相手への祈りとなって、相手を祝福することになって、それで昇華されてゆくわけでしょう。喧嘩という災いが転じて福となるんです。そういうふうにやんなきゃ。

失敗したことをみんな幸せになるようにやってゆくのが、世界平和の祈りなのね。そうすると何にも把われない。あなたがいいも、私が悪いも、そんなこと一つも言わなくてすんじゃう。何にも責めることがなくなっちゃう。自分を責めることもなくなっちゃう。そうするとその人はどういう人になるかというと、世界平和の祈りの中から生まれた神の子になってくるんですよ。原理としたら実に易しいんです。

行ないとしても易しいんです。やりさえすればいいんです。こういう教えを今、私は一生懸命説いているわけですね。

それで心をいつも透明にしている。ごたごたしたものを、いつも世界平和の中に入れちゃって、いつもこの中はスッキリとしている。いつも透明になっているような人間になれば、姿が見えなくなる透明人間より、よっぽどいいですよ。心がスッキリしているんだから。そうなれば「死んでも生きても神様のみ心のまま」ということが本当に行なえるようになるわけです。

業想念が幽体の中にいっぱい溜まっていて、無理矢理に命を捨てよう、命を投げ出しても、神様！　なんて言ったってそれはダメなのよ。

肉体の自他に期待するな

私などずいぶんいろいろな人の経験をしています。先生のためなら命もいらない、なんて言ったって、なんかで都合が悪くなれば離れてしまい、どこかへ行っちゃったりする。それでまたやがて都合がよくなって「先生、どうもご無沙汰いたしまして！」とやって来ます。

私は肉体の人間など、悪いけれども、何にも信用していない。私が信用しているのは、守護霊だけですよ。皆さんの本心と守護霊守護神は信用していますけれど、肉体の人間というのは業想念だからね、悪いことを言われてもなんとも思わない。さんざん恩を着せた人が他で悪口を言ったとしても、それは当たり前、消えてゆく姿だと思っています。別に何とも思わない。あのヤロウこのヤロウ、くやしいなんて思わない。もう始めから諦めているから。

あんまり肉体人間に期待しちゃダメですよ。友だちにも親にでも、なんでも期待しすぎると、しっぺ返しされますよ。向こうは向こうの都合でやってんの。実はこっちもこっちの都合でやってんの。みんなお互いが都合でやってんですよね。自分の都合で、この人愛したほうがいい時は愛するし、離れた方がいい時は離れようとするわけなんです。表面でも心でも同じことですよ。

それをいつでもいつでも、あの人は愛していてくれる、あの人はいつも私のためにやってくれる、こう思っていますと、向こうに他の友だちが出来たりして、向こうと親しくなって、こっちのことを忘れかけたりする。そうすると、あの人はひどい人だ、あんなに誓った間柄なのに……恨み心が出てくるでしょ。そういうのは凡夫のやることなんです。業想念のやることなんだよね。そういうやり方じゃダメなんです。

自分に対しても、他人に対しても、肉体人間は業想念の人間だから、肉体人間には一切期待してはならない。火を見たら火事と思え、人を見たら泥棒と思え、そういうんじゃないんです。そういう言い方じゃないんですよ私の言い方は。肉体の人間を全部あてにしないこと。そして世界平和の祈りの中から出て来た人だけは当てにするんです。これは間違いないから。もっと言い換えると、守護霊、守護神だけ相手にするんです。

Aという人が悪い人だとします。しかしその守護霊守護神は、その悪いことを消そうと思って、一生懸命になっているんだ。神様なんだから。だから守護霊守護神さんに対して〝ああ守護霊さん守護神さん、どうぞあの人をよろしくお願いします。私との仲をうまくやってください〟とこういうふうに頼んでおくのです。そうすると、どんな悪い人でも守護霊守護神と結んじゃうと、今度、この人に対して敵対して来なくなるんです。そういうやり方よ。

肉体人間のやるほうはみんな消えてゆく姿、守護霊守護神がちゃんとやってくれる。だから肉体の人が、守護霊守護神、神様に見えてくればいいわけなんだ。ああ、あの人も神様なんだ、この人も神様なんだ、仏様なんだ、というふうに見えてくればしめたものよ。その人が何をしたって何でもない。〝ああ神様が私のために、こちらの業想念を取ってくださるために、ああいうひどいことをなさってくださるんだ、有難うございます〟とこうなってくるわけね。

そこまでゆくには相当な事実、経験がからむんですよ。いっぺんにそこまで行かれないから、そこで「肉体人間はみなダメなもんだ」といっぺんやっちゃうんだ。

肉体人間にあんまり期待しちゃダメだ。

今日、好きだ好きだと言っていて、明日は嫌いだ嫌いだ。そうなっちゃうんだからね。それがいいとか悪いとかの問題じゃなくて、それは業想念の因縁因果のためだから仕方がないんですよ。理想をあんまり求めてはダメだというんです。肉体人間に求めたらダメですよ。そうすると本当に泣く時があるからね。悲嘆のどん底に陥ることもある。だから一切求めない。求めるとしたら、守護霊守護神に、神様の中に求めるんです。

今度は神様になって現われる。しかしこの人は向こうにとっては神様ではないかもしれない。他の人にとっては悪くても、自分にとってはよくなってきます。それが世界平和の祈りなんですよ。

どれもこれも神様に見えてくる

世界平和の祈りの一番最初の、根本の出方は、肉体人間の自分はダメなんだと、肉体人間のこの地球人類はダメなんだ、いっぺん否定してしまわなければダメです。そうしないと、神様をぬきにしても、世界平和の祈りをぬきにして、なんか他に方法がある、という考え方になるんですよ。他に方法があると思っている以上はダメです。

神のみ心から出てくる想い以外に、世界平和の祈り以外に、他にも方法があるだろう、という想い方でやっていたんでは、その信仰は成就しません。途中で崩れます。

すべてが神のみ心だ。「世界平和祈るは神のみ心のひびきにあれば祈るたのしさ」で、すべて神様の中から出てくるんだ。すべて神様の中から出てくるものを、自分は頂いて、自分の行ないとして生きてゆくんですね。それならば首をパーンと切られてもいいんですよ。サーッと天国へ行っちゃうからネ間違いなく。そういう生き方をするのが宗教精神なのね。

お祈りをしたから、明日儲かって、お祈りしたから、今日病気が治って、そういうのは枝葉です。うちでも随分そういう事実があるんだから、それもいいですよ。それは神様の心と波動があって、神様の中にその人の心が入った時、パーッとよくなってくる。それだけ本心が開いてゆくんだから、その人が立派になってゆくんだから、それは本当のよくなり方です。有り難いですね。

立派にならないで、業想念をかぶせてしまって、それでもって商売繁盛したって、役が上になったって、業がかぶさって、欲がよけいに出てくるようじゃ、何にもならないでしょ。そんなんだったら宗教なんか要らないです。そういうことは私は教えない。あくまでも本心が開いて、神様の子である本当の自分がここに現われてくることを念願して、私は教えているわけね。

それで一番いいのは、世界平和の祈りだと言うんですね。世界平和の祈りの中に入ってしまう。世界平和の祈りの中には、悪もなければ何にもない。光り輝いている本当の姿があるだけなんです。神の子の本当の姿があるだけなんです。

神の子の本当の姿がこの地上界に現われてくるまで、いろいろな業想念が消えてゆく姿として現われてくるわけです。それで全部、業想念が消えてしまう。そうすると本当の世界平和の祈りがここに実るわけです。

仮りに自分だけ業想念が消えたとします。きれいになった。ところが世界人類は全部まだ浄まっていないんだから、人類の波がかぶさってきます。その時は菩薩として、他人のものも背負って、また世界平和の祈りの中に入れてやるわけです。そうやっていると、自分がますます大きくなってくるんですよ。一人救えば一人だけ大きくなる。十人救えば十人だけ大きくなってくる。それで宇宙全部を救えば宇宙神で、宇宙そのままになっちゃう。そういうような生き方が大事なわけです。

始めのころは、お金がぼんぼん儲かる場合もあるんです。先生のところへ来たら、病気は治った、商売も繁盛してきた。心はもう安らかになって、家庭も安全になってきた、ということになる。ところが一年やった。二年したら、このごろは体が悪くなりました。家庭がなんとなくおかしい、と言ってくる人もある。

それは菩薩的になったから、一段階上の世界で、少しずつ苦しいこともある。それが済むと、またパーッと一段階上に行くんです。そうすると終いに、なんにも問題にならなくなる。出て来ることが、どんないいことが出て来ようと、悪いことが出て来ようと、あまり問題にならなくなる。ただつねに神様への感謝だけで生きられるような、そういう人になってくるんですよ。

そうなると〝こんにちは〟と挨拶すると、ああ、あの人は神様の子だ、というのがピーッとくるんですよ。みんなが神様の子に見えて来ます。どれもこれも神様になってくるんですよ。そうなるためにいろいろ苦労をするわけなんですけれど、やがてみんな、そうなるんですよ。

誰を見ても憎む心が起こらない。人を見て、あのヤロウこのヤロウと思う想いがなくなってくる。どんなことをされても、その人が憎くなくなってくるような、そういう人間に自分がなるわけです。その人はなんて幸せな人でしょう。その人の住んでいるところは天国に決まっています。

人を憎む想いがない。恨む想いがない。貪る想いがない。そういう人は天国に決まっています。天国に住んでいる人なんです。そういうふうにみんながならなきゃね。

儲かったって、病気が治ったって、そんなものは大したことはない。本当に消えてゆく姿なんだからね。やがてはどうせ死んじゃうんだもの。肉体はどうせなくなっちゃう。何が残るかというと心だけが残る。永遠に残ってゆくのは心だけよ。心だけが残っている。生命と心ですね。肉体は滅びるんです。

肉体に付随する肉体の損得なんて、二の次三の次。ところが新興宗教に入るような人たちは、肉体の損得が最上のものなの。明日のことはいいですよ。今日のことですよ、来年より今月をよくしてくれ、とこうやってくるのよ。そういうふうに言ってくる人には、ハイハイと言いますよ始めはね。ポンポンとお浄めして、実際よくなってきます。それで少しアメをなめさせておいて、しばらく経つと、だんだん本性を現わして、本当の話を始めますよ。そのころには言われた人もわかってきますから、本心が開いてきているから、言われても、ご尤もご尤もということになる。

そのご尤もご尤もになると大したものよ。現象利益を問わなくても〝ああ、ご尤もですね、先生有り難いなァ〟とついて来られるようだったら、ふつうの人より偉くなっている。

そう思って自覚してなさい。そうやって磨かれてくると、みんな偉くなってくる。現象利益だけを追い回しているうちは、チャチな人です。現象利益は誰だって追いますよ。思わない人はおりません。誰だって病気の人は病気が治りたいのは当たり前だし、お金がない人はお金があったほうがいいに決まっているし、地位が低いよりは高いほうがいいんだし、これは当たり前で、本然の姿なんです。

高きを求め、完全円満なものを求めているんだから、形の世界でも良い生活を望むのは当たり前ですよ。良い生活より貧乏生活がいいっていうことはないんだ。負け惜しみなんですね。金がないより、あったほうがいいんです。私だってそうなんだから。そんなにないけれども、ただ把われないことよね。

思うのは結構です。思うのさえいけない、と思う人があるんですよ。銭にあんまり把われちゃって〝ああ私は金が欲しい、ああいけない、金が欲しいなんて思うのは業だ〟なんて苦しんでいる人がある。そんなことはない。思ったら思ったでいいですよ。ああ恋人が欲しいな、と思ったら思ったっていいですよ。思ったのをいちいち悪いと言ってちゃ生きられないから。思うなら思うでいい。思った途端に、世界平和の祈りの中へ入れちゃうんですよ。ああ思っても詮《せん》ないことだ、世界人類が平和でありますように、と唱えたほうがいい。想った現象利益になんか把われない、ということです。

思ってはいけない、ということはないんですよ。イエス・キリストは思っちゃいけないと言った。思うだけでそれは行なったことだというふうに。仏陀もそう言いました。昔の聖者はそういうふうにむずかしく真理を説いています。それだから救われなかったんだよね。想念を説いたけれども人類は救われていなかった。戦争はたくさんあったし、飢餓や飢饉や大地震もあった。みんな苦しんでいます。

なぜ苦しんでいるかというと、心の目が開いてきたからです。お釈迦様の言葉を聞き聖者方の言葉を聞いて、心の目を開いた人が随分あります。心の目が開けてくると、善悪がハッキリわかってくる。ハッキリわかってくると、悪いこの状態、現象の世界というのに耐えられなくなってきます。それで昔の武士は殺生のこの世界にたまらなくなって、出家して、山に隠遁したりした。

その時代はもう過ぎたんです。自分だけが山に籠もって安心しているという時代は過ぎた。山に籠もっても原爆が落ちればお終いなんだから、一人だけが救われたってしょうがない。自分の救われが同時に人類のためになるような、そういう教えが現在なければならないでしょ。それが世界平和の祈りなんです。

そこで第一歩として、悪いことに把われない。自分の悪にも、自分のマイナスにも把われない。他人のマイナスにも把われない。すべて把われない。把われないということは、思っちゃいけないという意味じゃない。思っちゃいけないと言ったってしょうがないんだ、思っちゃうんだから。思ってはいけませんよ、あの人を好きになってはいけませんよ、ハイ、と言ったところで、好きになっちゃう。そうでしよ。そういうもんですよ。いけません、と言われると余計に出てくんのよ。おかしなもんだね人間の想いは。天《あま》の邪鬼《じゃく》なのね。だからそういうものも、ああそうか、といって、世界人類が平和でありますようにって、世界平和の祈りの中に入れる。世界平和が間に合わなかったら、先生！　と呼んでもいい。あるいは気をどこかに変えてもいい。

ともかく中で出して、消さなくちゃダメ。そのために消してくれるのは、守護霊守護神に、世界平和の祈りなんだから、その中に入れて消してもらうのです。私は一つも無理言ったことないんだから。易しいことを言っているんです。易しいことで出来なければ、世界人類が救われるわけないよね。

むずかしいことを言って、これをしてはいけない、何をしてはいけない。こうしてはいけない、といけないづくしでやってごらんなさい。生きていけなくなっちゃう。ましてこの大変な世の中なんだから、業生の世界なんだから、汚れた波が漂った中で、自分だけがですよ、全然汚れないで生きてゆくなんていうことは、出来っこないんだから。汚れをどうしたって身に受けるんだからね。だから自分だけが完全円満で生きて行こうなんて思ったら、苦しくて生きてゆけない。

汚れたら汚れたでいいんだ。汚れたままで自分の分も他人の分も背負って、世界平和の祈りの中に入れちゃえ、って私は言う。世界平和の祈りの中に入って、じゃぶじゃぶ洗って、また汚れたらまたじゃぶじゃぶ洗ってくればいいんですよ。なんのことはない。向こう（救世の大光明）で待っているんだから、サァいらっしゃいと待っているんだから、世界人類が平和でありますように……と想いさえすれば、向こうで上げてくれるんです。

それは阿弥陀様のやり方なんですよ。どんな悪人でも救ってくださるというのが阿弥陀様でしょ。そのために法蔵菩薩が願をかけ、それで阿弥陀様になったんだから。その教えを法然や親鸞は説いたんです。

自分がよくなろうと思って、自力でやるんじゃないんです。自分が磨こうとして、阿弥陀様を呼ぶんじゃないんだ。汚れたままで、悪いままで、短気なら短気のままで、欲望があるんならあるがままで、そのままで阿弥陀様の中に、南無阿弥陀仏って入んなさい、と言うんでしょ。

それと同じように、汚れたままの心でいいから、把われたら把われたままの心でいいから、世界平和の祈りの中に入りなさい。年中入っていれば、世界平和の祈りの救世の大光明がきれいに消してくださるんだよ——というわけ。だから年中、それをやっていればいいわけですよ。

そうすると、いつの間にか自分の霊体が浄まっていって、肉体もすっかり浄まってきて、妬み心がなくなってくる。恨みの心がなくなってくる。不安の心がなくなってくるわけですよ。それを私がやさしく説いているんですよ。そういうわけです。

病気というもの

（昭和35年8月25日）

医業と霊作用

今、小児麻痺がはやっているのですね。これに対してワクチンが非常に効果があるということです。昔は天然痘がはやり、亡くなる人が多かったのですが、種痘が発見されて、天然痘はなくなりましたね。そこで今、薬というものと霊作用というものとは、どういう関係があるのだろうか、という質問が出たわけです。

人間の病気には大体、三つあります。一つは霊作用といわれる障《さわ》り、つまり幽界のいろいろな想いがついて、生命がまっすぐ通ることを邪魔することによって起こるもの。二つは肉体的だけのもの、三つは精神状態、自分の心が乱れて病気になるもの、こういう三種類があるんです。

小児麻痺というのは、完全なる霊作用なんです。祖先の迷った人の想いが骨に来るわけです。骨というのは頭蓋骨から足までつながっている。天から地までつながっているものですから、祖先を現わすものです。特に背骨というのは、それで小児麻痺をみると、祖先の親戚縁者の迷いの波がかかって、足や手がぶらぶらになっちゃう。ところがワクチンで治るという。

天然痘は種痘がはやらなかったら、ずーっと蔓延していったでしょう。種痘でどうして治ったか、ということですね問題は。

それはこういうことなんです。種痘を発見した人、ワクチンを発見した人の愛の想いが癒す、ということになるんです。薬自身も効きめがありますよ、しかし、それに愛の想いが加わって病気を治すわけなんです。

一人治り二人治り、大勢治ってくると、ワクチンを使えば治る、種痘をやれば大丈夫だということが、皆の中に非常に強く影響するわけです。人の心に伝わってゆく。そうすると、病気にならない、治る、という信念が強くなってきます。それで治りが非常によくなってくる、ということがあるんです。

発見者の愛の想い、薬の効きめ、それが効いたことによって「効いた」という信念、この三つが加わって病気が治ってゆくんです。だから本当のことを言えば、病気にならないという信念があったりすれば、病気にはならないわけなんです。ところが心の底から「オレは病気にはならない。絶対に病気なんかにならない」という信念を持った人は、数少ないわけです。そこで医学等が必要なわけなんです。

だから霊作用と医業の問題が一番難しいわけです。小児麻痺を医学的処置だけで治る、というよりも、中に押しこんでしまうわけです。出てきたものを抑える、抑えるから現象的には治ったように見えるけれど、今度は違う病気になって現われてくる。種痘でもって天然痘はなくなりましたね、なくなった代わりに、他にガンが増えたり、不思議な病気がいろいろと増えてくるわけです。症状は変わるけれども病気が治ったわけじゃないんです。症状は変わった、依然として毒素は中にある。

障りも依然とあるわけです。それは本当に治ったわけではなく、抑えておくだけです。

実際問題とすると、その場が治ればそれで助かった感じがするから、それでいいわけなのです。今の西洋医学というものはそういう医学なのです。現われてきたもの、症状を治す。だけれども病気を治したわけではない。

病気の正体は抑圧された想い

病気の原因はどこにあるか、というと幽体にある。潜在意識の中にあるわけです。思っているのが現われている。これは顕在意識です。自分では思っていないけれど、以前思ったことが知らないで溜っている、それが潜在意識です。潜在意識というのはズーッと深くて、神界までつづいているわけです。

肉体界、幽界、霊界、神界とつながっています。潜在意識もつながっているわけ。顕在意識の心の現われているものは、僅かしか現われていない。その僅か現われているものだけで、人間は生活しているんです。しかし作用するものは、現われている心ではなくて、現われていない潜んでいる心の方で、それが人間の運命を創ってゆくわけです。

病気なども大方《おおかた》が潜在意識から現われてくる。仏教的に言えば因縁です。因があって縁にふれ、そして果が現われてくる。因縁因果の法則なんです。だから急に病気になるということはないわけです。病気になるには、前に潜在意識の中に病気の種《タネ》がありまして、その病気の種が縁にふれて現われてくるわけです。因縁因果の波が現われて、病気になったり、不幸になったりするんです。

どんなにいい薬をもってきて、その症状を治しても、その人が良くなったというんではない、病気が変わった、症状が変わっただけで、抑えられて、一旦、内に潜んだというわけです。やがて折があると、縁にふれて、今度は違う病気になって現われてくるわけです。そこで本当に健康になり、本当に運命をよくするためにはどうしたらいいかというと、潜在意識——潜んでいる心いわゆる幽界の幽体の中に、いろいろな病気になる原因の想いが潜んでいるわけです。それがある折にふれると、毒素になって体に現われてくるわけです。

はじめは想いだから気体なわけです。それが液体になり固体になり、毒素になってくるわけです。すると毒素が邪魔ですから、中の生命力、治す力が働いて、毒素を融かすわけです。融かしてゆく時に、熱が出たりして病気になるんです。その病気になったものだけをとらえて、病気を治そうとするのが医学です。精神状態を治そうとするのが精神医学と言われています。

精神状態によって、たとえば腹を立てれば胃腸が悪くなる。癇癪《かんしゃく》を起こせば胃の中に毒素が出来て、胃が悪くなるんだから、癇癪を起こしていけない、というようなことです。想いと健康の関連を研究するのが精神医学。それからもっと深くなると、それは障りだから、自分の心だけでなく、生命が素直に動いているのを邪魔しているものがある。それは亡くなった人の想いだ、というのを研究するのが心霊医学なんです。

この三つが今の医学になっているわけなんですが、国家が開業を許可しているのは、一と二の医学だけで、症状を見て、現われてきたものだけを治す、というやり方なんです。しかしこれは遅《おく》れているんです。これからはだんだん訳のわからない病気がたくさん増えてきます。これまで小児麻痺《ポリオ》などは日本になかったですね。それがだんだん現われてきている。

ポリオを非常に恐れています。伝染するというのです。本当は伝染するのではない。そういうとお医者さんに怒られる。けれど伝染するわけじゃない。想いが感染するのです。ポリオになるような想いがこの中にある。あるところに祖先の迷った想いがついてくる。そうするとそこに麻痺状態が起こるわけです。生命がそのまま素直に動いていれば、病気にもならない、不幸にもならないのだけれど、生命が素直に動かないようになる。それは自分の想いで動かさないようにするのか、あるいは他界（幽界）からの干渉で動かなくなるのか、どちらか二つなんですよ。

そこでポリオなんかの場合には、九〇パーセントが幽界からの迷いの想いが来る。

うしろからあるいは前からかぶさってくる。そうすると生命はまっすぐに進もうと思っても進めなくなるでしょう。少し歪んでしまうんです。これが病気の状態ですね。それが骨あるいは筋肉に来たのがポリオです。今までは小児麻痺を治す方法がなかったんです。ワクチンの普及で治ってきたけれど、そんなに治っているわけじゃないんですよ。ワクチンで治るなら、アメリカなんか小児麻痺がなくなってしまうわけだけれど、アメリカが一番多いのです。日本など少ないですよ。

なぜ、日本が少ないかというと、日本は祖先崇拝でしょう。祖先を祀って、祖先のためにお経を読んだり、いくらかやっています。やっているから割方《わりかた》そういう障りが少なかった。アメリカなどは祖先を問題にしません。そういう意味で、外国では割方小児麻痺が多かった。ところが近頃では日本でも、祖先なんか問題にしていない。親だって問題にしやしない。結婚するのだって、お嫁さんは「親のところに行くのではありません。私は何野《なんの》誰夫《たれお》さんのところへゆくんです（笑）親なんかどうでもよございます」というわけでしょう。

この間も聞いた話なんだけれど、昔は農家に嫁ぎますと、お嫁さんは大変でした。まるで馬代わり牛代わりに使われちゃった。要するに労働力の一つだからね。朝から晩まで使われちゃうんです。それで嫌だったら出されちゃうでしょう。出されるとお嫁さん、しおしおと実家に帰ってくる、ところが今ごろはそうじゃない。姑が「出て行け」と言うと「ハイ」とお婿さんと二人で出ちゃう（笑）親だけ置いていかれちゃうんです。それで姑《しゅうとめ》や舅《しゅうと》の方が謝って「サァお嫁さん帰ってきてください」と言うんで、二人で悠々と帰る。こういうのが現代版なんですよ。

これはあながち悪いことだけではないんです。今まではあまりに女の人が惨めだった。嫁《か》しては夫に従え、老いては子に従え、そういうことでしょう。なんでも従ってばかりいたから、そういう想いがいっぱい溜まっていたんです。無理に無理に従う。自分の本当の心はまっすぐに行きたいのに、抑えつけていたものが、今度生まれ変わってきて、自由主義だ、男女同権だと言われたので、バアッと出ちゃった。それで自由に言えるようになった。過剰なくらい女の人がなっちゃった。今まで抑えていた反動なんです。だからなんでも抑圧してはいけないんです。

病気の正体というのも、抑圧した想いというものです。あまり抑えに抑え、我慢に我慢をしていると、堪忍袋の緒が切れちゃうんです。そうすると魂の緒まで切れてしまいます。それで病気になるんです。だから抑圧したものがいけないんです。ストレスというのですか、それが病気の原因なんですよ、暢気なノウノウとした人はあまり病気しません。「わしはまた病気になったアハハハ……」と言っている人はないと思う。病気になれば皆ハーハーやっているでしょう。暢気な明るい人は割方病気しないんです。なぜかというと、心が抑圧されていないから、のびのびとしているから。だからのびのびと生きなきゃね。

いのちというのは自由に生きるものなんだから。いのちは自由に生き生きとしています。赤ん坊を見ればよくわかります。昨日生まれたばかりの赤ちゃんを見てきたけれど、顔中こんなになって動いている。赤ん坊ぐらい大人が動いたらくたびれちゃうだろうと思うけれども、年中じっとしていることはないです。眠っていても動きます。あれは生命《いのち》が動いているんです。生命が動かないではいられないんです。動かないでいられないものを、ぐっと抑えちゃうでしょ。「我慢しなきゃならない。ここが堪忍のしどころだ」とやっている。「お嫁にいったら帰ってきてはいけない。二度と家の敷居をまたいではいけない」と言われてお嫁にきたんでしょ皆さん。大体今四十過ぎてるような人はそうです。涙ながらに別れの盃をかわしてゆくわけですよ。

個人と個人ではなく、家と家とが結婚するんだからね、ひどいのになると、見合いも何もしなくて、相手を知らなかった。そして会ってみたら顔がひどかった（笑）親が決めちゃうから、知らないで行ったりする。そんな人もあったわけです。そういうように結婚してしまって、それで忍耐して忍耐して暮らしているわけです。そういうのが溜まっているのです。それが病気の原因であり、不幸の原因であるんです。小児麻痺でもやっぱりそういう原因もあるんです。親たちが抑えている。それが変に出てきた。そこに迷ったものがついてくる、というわけですよ。

小児麻痺になった子どもが悪いわけではなく、親たちの想い方が間違っていたわけです。だから治すにはどうしたらいいか、と言ったら解《ほど》いて元に返せばいい。元に返すにはどうしたらいいかというと、迷っている想いをなくせばいいわけでしょう。なくすのが祈りなんですよ。我慢している想い、抑圧している想い、そういう想いをなくさなければダメです。なくすためには、その想いをどこかにやらなければならない。それが消えてゆく姿なんです。

ああこうやって溜まっている不幸や病気も短気も、悪い想いもみんな過去世から我慢に我慢していた想いが溜まっているんだから、なくさなければいけない。なくすためにはどうやったらいいか。と言ったら、神様の中にやればいい。神様の中といっても、神様は見えない。どうやって神様につながろうかというんで、世界平和の祈りが出来たわけですから、世界平和の祈りをすれば、世界平和というのは神様の望んでいることだから、望んでいることは神のみ心だから、世界人類が平和でありますように、と言って神様のみ心の中に自分の想いを全部入れてしまえば、心がきれいになってしまいます。きれいになってしまうから、病気も治ってしまえば、不幸も直ってくる、ということになるんです。

小児麻痺がいくら出ても、ワクチンだけに頼ることはないんです。ワクチンはお医者さんがくれるから、あとは一生懸命祈るんですよ。迷っているものを浄めなければいけない。浄めるのに誰が一番いいかと言ったら、神様にやってもらうのが一番いい。病《やまい》というのは闇《やみ》だから、光の中に入れればいい。光はどこから来るかというと、救世の大光明から来る。世界平和の祈りの中から来るんですよ。だから世界平和の祈りの中に入れちゃえば、小児麻痺なんかでも治るんです。

ひまはかかりますよ。かかりますけれど、病気になりたてだったら早いです。何年も経つとなかなか治らない。想いが固まっちゃうからね。始まりなら大丈夫なんですよね。

病気だって不幸だって、みんな自分がつくるわけなんだ本当は。自分がつくるんだけれど、この世だけの自分がつくっているんじゃなくて、前の世前の世の過去世の自分がつくったわけなんです。

参考資料

人間と真実の生き方

人間は本来、神の分霊であって、業生《ごうしょう》ではなく、つねに守護霊《しゅごれい》、守護神《しゅごじん》によって守られているものである。

この世のなかのすべての苦悩は、人間の過去世《かこせ》から現在にいたる誤てる想念が、その運命と現われて消えてゆく時に起る姿である。

いかなる苦悩といえど現われれば必ず消えるものであるから、消え去るのであるという強い信念と、今からよくなるのであるという善念を起し、どんな困難のなかにあっても、自分を赦《ゆる》し人を赦し、自分を愛し人を愛す、愛と真《まこと》と赦しの言行をなしつづけてゆくとともに、守護霊、守護神への感謝の心をつねに想い、世界平和の祈りを祈りつづけてゆけば、個人も人類も真の救いを体得出来るものである。

世界平和の祈り

世界人類が平和でありますように
日本が平和でありますように
私達の天命が完うされますように
守護霊様ありがとうございます
守護神様ありがとうございます

〈宇宙神―直霊―分霊について〉

第1図

宇宙神（大神様）は、まず天地に分かれ、その一部の光は、海霊、山霊《やまだま》、木霊《こだま》と呼ばれ、自然界を創造し、活動せしめ、その一部は、動物界を創造し、後の一部の光は、直霊《ちょくれい》と呼ばれて、人間界を創造した。（第1図）直霊は、各種の光の波を出し、霊界を創り、各分霊《ぶんれい》となり、各分霊が直霊より分けられた光（心）により創造力を駆使して幽界、肉体界を創造した。その過程において、各分霊は、自ら発した念波の業因《ごういん》の中に、しだいに自己の本性を見失っていった。

そこで、直霊は自己の光を分けて、分霊たちの守護神となし、守護神は、最初に肉体界の創造にあたった分霊たちを、業因縁《ごういんねん》の波から救い上げた。この分霊たちは、守護霊となり、守護神に従って、ひきつづき肉体界に働く後輩の分霊たち（子孫）の守護にあたることになった。そして分霊の経験の古いものから、順次、守護霊となり、ついには各人に必ず一人以上の守護霊がつくまでになって、今日に及んでいる。（第2図）

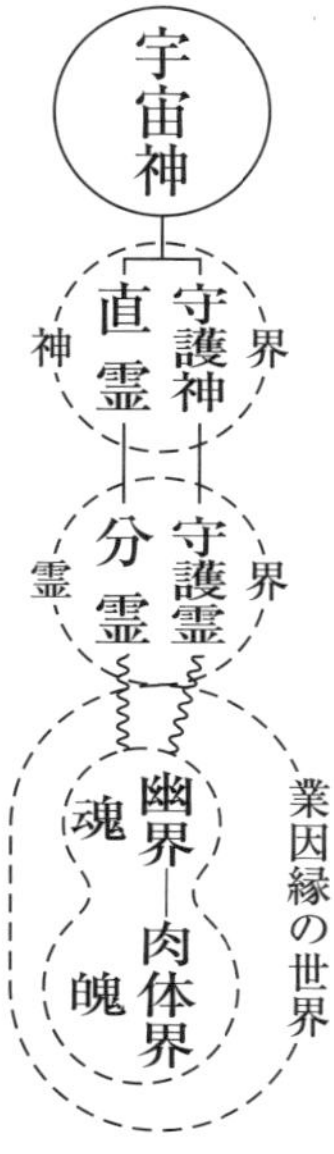

第2図

著者紹介：五井昌久（ごいまさひさ）

大正５年東京に生まれる。昭和24年神我一体を経験し、覚者となる。白光真宏会を主宰、祈りによる世界平和運動を提唱して、国内国外に共鳴者多数。昭和55年８月帰神（逝去）する。著書に『神と人間』『天と地をつなぐ者』『小説阿難』『老子講義』『聖書講義』等多数。

発行所案内：白光（びゃっこう）とは純潔無礙なる澄み清まった光、人間の高い境地から発する光をいう。白光真宏会出版本部は、この白光を自己のものとして働く菩薩心そのものの人間を育てるための出版物を世に送ることをその使命としている。この使命達成の一助として月刊誌「白光」を発行している。

白光真宏会出版本部ホームページ　http://www.byakkopress.ne.jp
白光真宏会ホームページ　http://www.byakko.or.jp

講話集３　自分も光る人類も光る

平成二十三年五月二十五日　初版

著　者　五　井　昌　久
発行者　平　本　雅　登
発行所　白光真宏会出版本部
〒418-0102　静岡県富士宮市人穴八一二―一
電　話　〇五四四（二九）五一〇九
ＦＡＸ　〇五四四（二九）五一二二
振替　〇〇一二〇・六・一五一三四八
東京出張所
〒101-0064　東京都千代田区猿楽町二―一―十六　下平ビル四〇一
電　話　〇三（五二八三）五七九八
ＦＡＸ　〇三（五二八三）五七九九

印刷所　加賀美印刷株式会社

ISBN978-4-89214-198-0 C0014